조선의 풍경, 근대를 만나다

조선의 풍경,
근대를 만나다

1판 1쇄 펴낸날 2014년 11월 20일
1판 2쇄 펴낸날 2016년 5월 20일

기 획 단국대학교 동양학연구원
지은이 김태환, 이미현, 차선일, 김영순, 서종원, 임선숙, 이영수, 김민지, 이영주, 염원희

펴낸이 서채윤
펴낸곳 채륜
책만듦이 김미정
책꾸밈이 이현진

등록 2007년 6월 25일(제2009-11호)
주소 서울시 광진구 자양로 214, 2층(구의동)
대표전화 02-465-4650 | **팩스** 02-6080-0707
E-mail book@chaeryun.com
Homepage www.chaeryun.com

책값은 뒤표지에 있습니다.
ISBN 979-11-85401-05-8 03380

이 도서의 국립중앙도서관 출판예정도서목록(CIP)은 서지정보유통지원시스템 홈페이지(http://seoji.nl.go.kr)와 국가자료공동목록시스템(http://www.nl.go.kr/kolisnet)에서 이용하실 수 있습니다. (CIP제어번호 : CIP2014033578)

이 저서는 2011년 정부(교육과학기술부)의 재원으로 한국연구재단의 지원을 받아 수행한 연구임.
(NRF-2011-413-A00003)

조선의 풍경, 근대를 만나다

김태환 이미현 차선일 김영순 서종원
임선숙 이영수 김민지 이영주 염원희

채륜서

근대 조선의 풍경을 엿보기 전에

단국대학교 동양학연구원은 2005년부터 2014년까지의 기간 동안 개화기에서 일제강점기까지 신문과 잡지 등의 대중매체 자료를 바탕으로 여러 자료집과 연구서를 내었다. 이 책은 그런 9년간의 연구 성과를 담은 것이다. 연구자마다 개화기에서 일제강점기까지의 시기를 연구하며 알게 된 근대의 여러 모습들을 대중들과 공유해 보자는 소박한 계기로 출발하게 되었다. 연구자 스스로가 흥미롭게 느꼈던 주제를 글로 엮어 많은 사람들이 읽게 된다면, 어떤 면에서는 전공자들을 위한 자료집이나 연구서보다 가치 있는 작업이라 하겠다.

지금의 한국 사회는 조선 사회와 큰 차이가 있다. 불과 100~200년 전임에도 말이다. 그렇다면 조선 사회까지 유지되었던 전통적인 생활방식에서 벗어나 지금과 같은 일상생활과 문화가 생겨나 자리 잡게 된 시기는 언제인가. 우리는 바로 이 '언제'에 집중하였다. 개화기부터 일제강점기까지의 시기, 이른바 '근대'에 우리의 삶은 어떤 변화를 맞이하였고 어떻게 변화하였는가. 그 시절을 살아간 사람들은 변화를 어떻게 받아들이고 이를 자기화 했을까. 이 책은 바로 그 점에 주목하였다. 조선은 미처 준비 없이 변화를 받아들였고, 그 과정에서 이미 존재하고 있었던 전통문화는 큰 위협을 받았다. 전통문화가 변화하여 새로운 조선의 문화가 탄생하는 과정, 그 장면을 포착한 것이 우리 책의 내용이다.

열 가지 근대의 모습을 담은 이 책의 내용은 크게 세 꼭지로 나누어져 있다. 첫 번째로 〈욕망의 늪에 빠진 근대〉에서는 서양식 의복과 화장술의 유입으로 이전 시기와 다른 외적 아름다움의 기준이 생겨나고, 이에 새로운 방법으로 외양을 가꾸고자 하는 욕망이 생겨나면서 벌어진 일들을 담았다. 또한 '성병이라는 탁류가 흘렀던' 근대 조선의 또 다른 일면도 살펴보았다.

두 번째 〈놀이의 이중성〉에서는 당시 아이들의 '노는 모습'을 통해 새로운 놀이 문화의 의미를 살펴보았다. 또한 서양식 장난감의 등장과 낯선 장난감 선택에 잠을 설쳤던 부모들의 모습

과 교육열을 확인하였으며, 오래된 대박의 꿈이 투영된 근대의 투기 열풍 중 하나인 미두를 중심으로 어른들의 놀이가 변질되는 과정을 살펴보았다.

끝으로 〈신풍속의 탄생〉에서는 결혼식, 꽃놀이, 어린이날, 크리스마스라는 현재 한국인의 일상에서 당연하게 행해지고 있는 것들이 근대에 유입된 외부의 문화와 한국적 전통이 만나 새롭게 정착한 '만들어진 전통'이었다는 것과, 이러한 문화가 이후 한국 사회에 어떻게 정착해 갔는지 살펴본 네 개의 글을 담았다.

이러한 10편의 글을 통해 현재를 이루는 우리 삶의 모든 것이 어디에서 오고 어떻게 시작되었는지 알 수 있을 것이다. 또한 그 모습은 완전히 바뀌었지만 우리가 누리는 그리고 당연하게 여기는 풍습이 전통사회와의 단절이 아닌 그 연장선상에서 이어져 있음을 다시 한 번 확인할 수 있는 계기가 될 것이다.

| 차 례 |

조선 풍속기, 셋_ 신풍속의 탄생

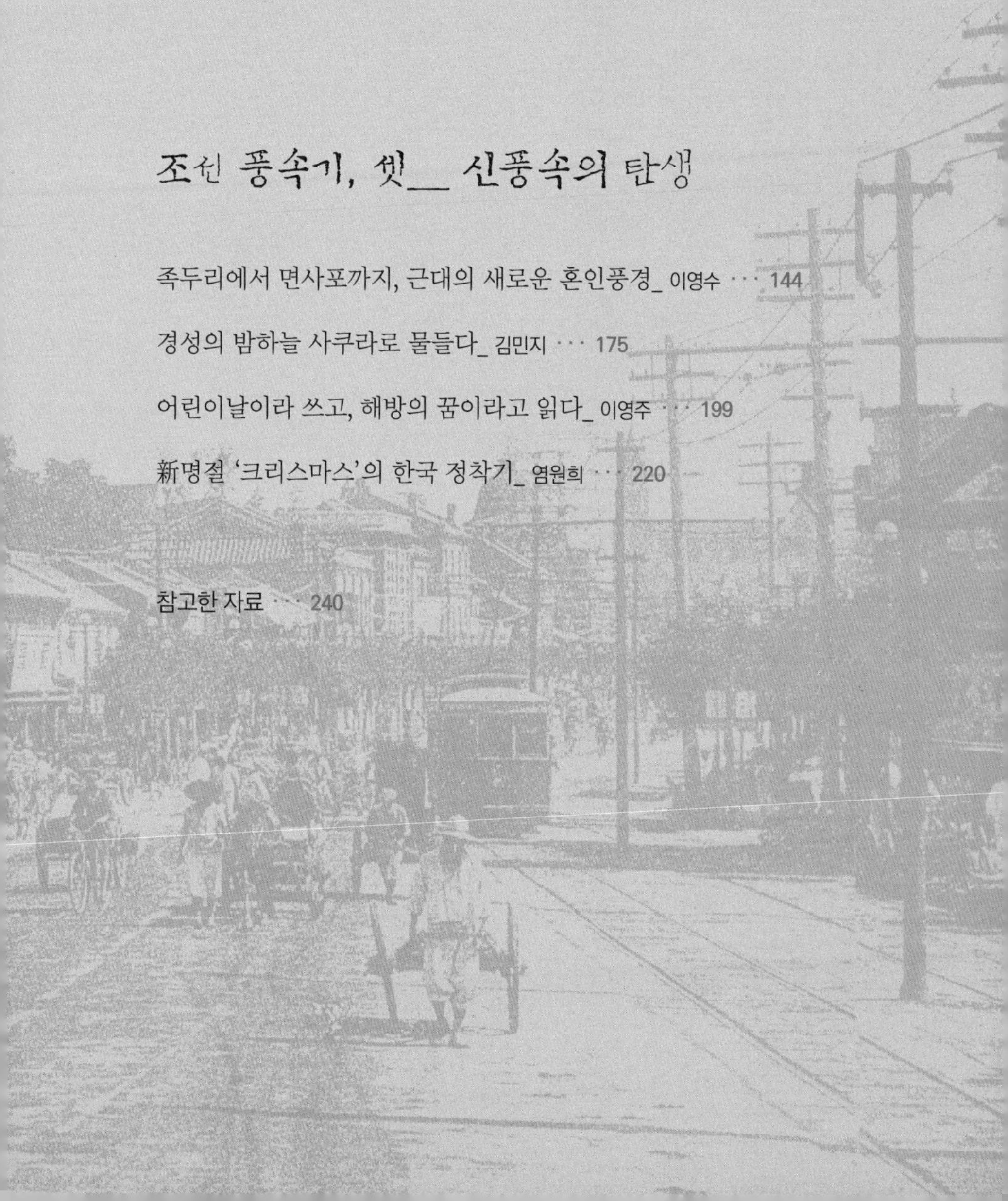

時計

조선 풍속기, 하나

욕망의 늪에 빠진 근대

패션 2030,
근대 조선의 의생활

김태환

근대와 패션

뭘 입어야 하나. 아침마다 전쟁이다. 여러분의 아침은 어떤가? 전날 입었던 옷에 탈취제를 뿌려 하루 더 입는 사람도 있을 것이고, 전날 밤에 미리 챙겨둔 옷을 입는 사람도 있을 것이다. 비가 온다는 일기예보에 심드렁히 '우산을 챙겨야겠네' 하고 생각하는 사람이 있는가 하면 벼르고 산 레인부츠를 꺼내 놓거나 스웨이드 구두에 발수 스프레이를 뿌려 두는 사람도 있을 것이다.

옷에 무관심한 사람에게 옷은 체온을 유지하고, 피부를 보호하는 역할로 충분하다. 이런 사람에게 옷은 짐승의 털가죽을 대신하는 도구에 불과하다. 반면에 옷에 그 이상의 의미를 부여하는 사람에게는 개성을 표현하는 문화적 수단이 된다. 바로 이 문화적 표현으로서의 옷 입기를 패션이라고 할 수 있다.

패션fashion은 원래 사교계의 유행을 가리키는 말로, 한 사람의 개성은 물론 교양과 취미 그리고 계급도 드러낸다. 다소의 재

치는 인정되지만 장소와 시간, 상황에 맞게 입는 것이 기본이다. 슈트가 기본 정장이 된 요즘은 패션에 무관심한 사람이라도 재킷의 맨 아래 단추는 채우지 않는다든가 격식을 차리는 자리에선 검은 구두를 신어야 한다는 것 정도는 상식으로 알아야 하는 시대이다.

하지만 이런 상식들은 서양 복식 문화로, 우리 고유의 것이 아니다. 우리 선조들도 유행에 따라 멋을 부렸었지만, 지금의 의생활과 직접 닿아있고, 그만큼 공감과 흥미를 자아내는 의복 문화는 근대로부터 시작됐다. 그렇다면 지금부터 한복이 개량되고 양복이 퍼지며 오늘날의 의복 문화가 형성되기 시작한 1920년대에서 1930년대까지의 모습을 엿보도록 하자.

근대화와 우리의 옷

우리 옷을 가리키는 한복韓服이라는 말은 옛부터 있던 말이 아니다. 우리 복식제도는 주변 여러 민족과 교류하면서 변화해 왔는데 유교가 통치이념이 되면서부터는 한나라, 당나라, 명나라의 의관을 모범으로 삼고 그 밖의 것은 오랑캐의 풍속이라고 멸시했다. 그러다가 19세기 말, 조선이 국제법상 독립국임을 천명하고 문호門戶를 연 이후에는 더는 중국을 본으로 삼지 않게 되었다. 예전 같으면 오랑캐 옷이라 무시했을 양복洋服 같은 외국 복식을 받아들이게 되자, 이들로부터 우리 옷을 구별하는 용어가 필요해졌다. 한복이란 말은 이런 필요에서 생겨난 근대의 산물이다. 민간에서도 조선옷이라는 말로 우리 옷을 외국의 것과 구별했었다.

의생활의 변화는 근대적 직종의 도입과 함께 시작되었다. 우리나라를 포함해서 전근대의 의생활은 신분제와 관련 깊은데 신분계급에 따라 허용되는 색과 옷감의 소재가 달라지는 식이었다. 서양에서는 근대 산업혁명을 거치면서 직종을 구별하는 색이 생겨났는데, 예를 들어 부르주아는 자기관리와 거리 두기를 나타내는 검정 슈트로 표상되고, 사무노동자와 현장노동자는 각각 근무복 칼라 색을 따서 화이트칼라white collar와 블루칼라blue collar로 표상된다. 지금은 이런 구분이 많이 무색해졌지만, 여전히 현장직은 푸른 계통 점퍼로, 사무직은 흰 셔츠로 구분되는 경향이 남아 있다. 서양의 문화가 우리나라로 들어온 근대 이후 자연히 우리의 의복도 직종에 따라 차이를 두게 되었다. 군대를 근대화하면서 서양식 군복을 제정하고, 철도를 놓으면서 승무원의 옷을 양복으로 정한 것이다. 그러나 근대적 직종 종사자와 유학생을 제외한 대부분의 사람은 여전히 한복을 주로 입었다.

흰옷을 버려라!

백의민족이라 불릴 만큼, 우리 민족은 빳빳이 풀을 먹여 눈부시게 빛나는 흰 한복을 즐겨 입어 왔다. 여러 외국인 여행자들은 우리의 흰옷 애호에 한 번 놀라고, 흰 빛깔을 유지하기 위해 빨래에 들이는 공에 또 한 번 놀랐다는 기록을 남겼다. 그중 이자벨라 버드 비숍은 빨래에 대해 다음과 같이 이야기했다.

> 밤새도록 들려오는 다듬이질 소리는 오직 남자들의 옷만을 다루는지 여자들의 옷은 매우 더럽다. 모든 시냇가에는 평평한 돌 위에 쭈그리고 앉아 더러운 옷을 물속에 담갔다가 쥐어짠 다음 평평한 돌 위에 올려놓고 방망이로 내려치며 세탁하는 여자들이 모여 있다.
>
> – I.B.비숍, 『조선과 그 이웃 나라들』, 331쪽

한복은 더러워지면 조각조각 뜯어 잿물에 담갔다가 삶고 하얗게 될 때까지 방망이질하여 빨아서, 마르면 풀을 먹여 다듬이질하고, 다시 꿰매 짓는 험난한 세탁과정을 거친다. 특히 흰옷은 잦은 빨래에 금방 헤지기 마련이다. 이처럼 전통적인 가사노동 중에서도 빨래는 그 폐해가 비교적 자주 지적되곤 했다. (김혜경, 『식민지하 근대가족의 형성과 젠더』, 창비, 2006년, 254쪽)

이러한 부담을 덜기 위해 오염이 눈에 잘 띄지 않고 활동하기 편하며 오래 입을 수 있도록 의복을 개량해야 한다는 움직임이 생겨났다.

『고종실록』과 『승정원일기』에는 고종 임금이 1894년 말에 새해부터 신하들의 예복을 검은 명주 두루마기로 하라고 명했다는 기사와 1895년 봄에 관리와 백성 모두 검은색 계통의 두루마기를 입으라고 명했다는 기사가 실려 있다. 이는 신분계급별로 달랐던 의관을 폐지하여 왕 아래 만백성을 평등하게 대하려는 사상과 함께 검은 옷의 실용성을 주지한 위로부터의 의복개량이라 평할 수 있다. 하지만 고종의 의제개혁衣制改革은 유림들이 반대상소를 올리는 등 오랜 관습의 저항으로 쉽게 진행되지 않았고 이후 일제에 주권이 침탈되면서 중단되었다. 그러나 두루마기만큼은 성공적으로 정착하여 여러 계층이 두루 입게 되었다.

매일신보사는 1917년 1월부터 2월까지 통상예복고안 현상모집 광고를 냈다. 5원의 상금을 걸고 남성예복안을 공모한 것인데, 모자 아래 조선 의복 위에 입기 적당하고, 신발은 서양 신이나 조선 신 모두에 무방한 외투를 주문했다. 결과는 실려 있지 않아 아쉽지만, 당선작이 있었더라도 두루마기를 대체하지는 못했을 것 같다.

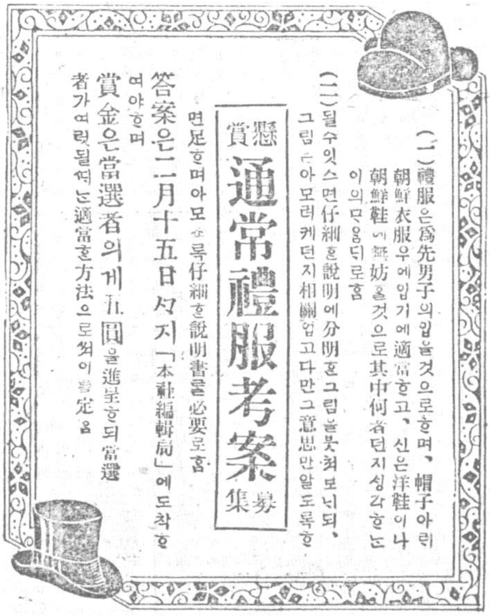

통상예복고안 현상모집광고(『매일신보』, 1917년 2월 14일)

한편 이런 움직임에도 흰 한복은 1920년대까지 여전히 인기였다. 1921년 『동아일보』 기사만 봐도, 여성복은 “금년 봄에도 또한 흰 빛 입는 것이 유행이 될 줄로 안다”고 하고, 남성복 역시 “배꽃 빛같이 흰 옥양목”이 유행이라 전한다. 이런 사정이니 1920년대 초에도 의복 개량은 진행 중이었다고 볼 수 있다.

이쯤에서 박달성이 『개벽』 1921년 1월호에 기고한 「새해 개량의 첫 번째로 조선의 의식주를 드노라」라는 글을 살펴보자. 그는 흰옷은 새로 지어 입는 그 날은 산뜻하고 말쑥하나 그것은

'일시의 미'요 '일일의 쾌'에 지나지 못한다고 비판한다. 흰옷은 조금만 오염돼도 열백 번 쓰다듬고 손질해야하며 밥 먹고 잠잘 때도 얼룩과 구김을 걱정하고 걸핏하면 터지고 자칫하면 찢어지니 마음대로 앉거나 뛰지 못한다. 또 한 달에 두세 차례, 계절 따라 대여섯 차례 새로 지어 입어야 하는데 이것이 우리의 경제여건에 맞느냐는 것이다. 마음껏 활동하지 못하고 과중한 가사노동과 경제적 부담을 지면서도 흰옷을 포기하지 못하는 사람들을 박달성은 '의복의 노예'라고 부른다. 이 노예 상태에서 풀려나기 위해 천을 검게 물들이고 고름 대신 단추를 달고, 대님을 없애고 통바지로 개량하자는 것이 박달성의 주장이었다.

옷에는 미의식이 반영되어야

그런데 흥미롭게도 얼마 지나지 않아 같은 잡지에 박달성의 주장에 대한 반론이 실렸다. 바로 같은 해 5월호에 실린 류두찬의 글 「우리의 백의문제와 금후반도今後半島의 염색공업을 논함」이다. 그는 한복은 세계 어디서도 빠지지 않으므로 대님과 옷고름을 없애는 등의 개량은 불필요하다고 말하면서도 한편으로는 흰옷을 의복으로 삼는 것의 어려움을 알기에 염색한 옷을 입자는 데 동의한다. 하지만 어떤 색으로 물들일 것인가를 고민함으로써 그저 편의상 검게 염색해 입자는 주장과는 차별성을

가진다.

그는 이런 고민의 하나로 민족 고유의 색상이 무엇인가를 생각했다. 중국옷이 청람색靑藍色, 일본옷이 화문華紋 문양으로 특징지어 진다면, 우리 옷 고유의 특색은 무엇일까 물음을 던진 것이다. 그 답으로 흰색 외에도 홍색과 녹색이 있으며, 색에 대한 취미는 시대와 정서에 따라 변하므로 흰색만 아니면 무슨 색이든 좋지 않겠느냐고 말한다. 하지만 동시에 우리 민족의 흰옷 사랑을 잘 알고 있는 그는 흰옷을 예복으로 정해 명절이나 제삿날에 입게 하자고 제안한다.

류두찬의 주장은 여러모로 주목할 만하다. 우선 단순하게 검은색으로 염색하자는 대신 우리 민족이 좋아하는 색을 먼저 고려한 점, 그렇다고 흰옷을 완전히 버리자는 게 아니라 특별한 날에 입는 옷으로 정하자고 한 점 그리고 염색 외에 대님이나 고름을 없애는 개량은 필요가 없다는 점 등, 복제개량론이라도 그의 주장에는 옷에 대한 전통적 취미를 유지하려는 태도가 역력하다. 그래서 그의 주장에서는 단순히 경제와 편의의 논리로 사물을 재단하는 박달성의 주장에서 느낄 수 있는 사태의 단순화와 미의식의 부재가 해소되고 있다.

한복에서 신식 복장으로

복제 개량은 논의로만 끝나지 않았다. 김원주 여사가 기고한 『동아일보』 1921년 9월 12일 자 기사 「위생과 간편簡便을 위주한 개량복」에서 그 일단을 엿볼 수 있다. 여사는 여성복 개량에 대해 상세히 제안하면서, 이렇게 만들면 보기에 경쾌하고 옷감도 적게 든다며 자신이 제안한 개량복을 입은 사진을 함께 실었다.

개량복을 입은 김원주 여사

이런 의생활의 변화는 학생들에게서 두드러졌다. 서양 신학문을 배우는 학생들은 옷도 신식으로 차려입었다. 그들은 형편에 따라 옷을 마련해 입었는데 모 사립학교에서 학생들에게 일제히 양복을 입으라고 하여 곤란하다는 기사(「양복의 곤란」, 『매일신보』, 1910년 9월 8일)가 있을 만큼 남학생들은 비교적 일찍 양복을 갖춰 입었다. 그에 비해 여학생들은 급격한 변화 대신 한복을 개량한 개량복을 입었다.

『신여성』 1924년 11월호에 실린 「외국인의 눈으로 본 조선의복의 장처단처長處短處」라는 기사에서 이화학교 교장 아펜젤러는 조선복은 편리하고 예쁘므로 조금만 개량하면 좋을 것이라면서 이화학교 학생들에겐 이미 개량복을 입게 하고 있다고 말한다. 이 개량복이란 재래의 조선옷을 저고리를 조금 길게 치마를 보다 짧게 하고 어깨 쪽에 끈을 두어 걸어 입게 만든 것이다. 전통 치마는 가슴 아래에 끈으로 졸라매어 입었는데, 서양인들은 이것이 건강에 좋지 않다는 이유로 어깨에 걸쳐 입는 방식으로 바꾼 것이다. 그러니까 치마의 어깨끈은 서양 원피스의 영향으로 생겨난 변용인 셈이다. 당시 많은 여학생이 이런 형태의 개량복을 입었다. 오늘날 재일조선인학교 여학생들이 입는 흰 저고리와 검정 치마의 조합도 이때 만들어졌다.

1910년대 모자 광고

그 밖에 주머니 달린 양복 조끼vest를 우리식으로 지어 한복에 껴입거나 두루마기에 갓 대신 중절모를 쓰는 것, 치마저고리에 구두를 신는 것, 전통 흑립黑笠 제작기법으로 영국 신사모를 본떠 만든 말총모 등이 이 시기 서양의 영향으로 나타난 의생활의 변화이다. 이렇게 전통문화와 신문화가 혼재한 시기를 거치면서 점차 서양의 복식문화에 맞춰 옷을 입는 사람이 늘어났다. 마치 서양 배우들처럼 차려입은 패셔니스타들이 등장하게 되는 것이다.

신문, 패션 잡지가 되다

패셔니스타fashionista란 패션의 열광적인 추종자를 뜻한다. 이들은 유행에 민감하고 새로운 패션 소품에 열광하는데 일제강점기에도 이런 사람들이 있었다. 하이칼라 헤어스타일, 단발, 카이저수염, 넥타이, 와이셔츠, 커프스 단추cufflinks, 반지, 만년필, 무테안경, 금테안경, 밀짚모자straw hat, 캡, 서지serge바지, 시계, 단장短杖, 스타킹, 핸드백, 백구두, 옥스퍼드화, 레인코트, 루바시카 등등 1920~1930년대 잡지나 신문 기사들에 나타나는 유행 스타일은 실로 다양하다.

남성 패션을 말할 때 가장 기본이 되는 것은 양복 정장이다. 당시엔 '세비로背広'라 불렀는데, 그 유래가 재미있다. 세비로란 영국 신사복British traditional의 발상지인 런던 새빌 로Savile Row 거리에서 나온 말로 고급 양복점이 밀집한 영국의 거리 명이 일

본에 와서 양복을 뜻하는 말이 된 것이다. 이것을 일본어로 음차해 背広(せびろ)라 쓰니, 세비로를 양복을 가리키는 일본말로 잘못 아는 사람들도 있었다. 이런 사정 탓에 『동아일보』사에서는 1935년 3월 13일, 「『세비로』의 유래」라는 기사를 내서 그 어원을 바로 잡기도 했다.

1934년 남성복 유행스타일

1920년대부터는 오늘날 패션잡지처럼 유행을 짚어보는 기사들이 나타난다. 당시의 한 기사(「미국식의 양복 점차 유행」, 『매일신보』, 1920년 3월 8일)에서는 작년까지 유행하던 큼직한 영국식 양복 대신 몸에 달라붙는 미국식 양복이 유행한다는 소식을 전하고 있다. 또한 『동아일보』 1921년 3월 12일 자 기사, 「새봄을 맞이하는 도회인의 새 준비」에는 제일양복점에서 당시 유행했던 양복 스타일을 취재한 내용이 실려 있다. 이 기사에는 당시 남색이나 자흑색 바탕에 줄무늬stripe가 들어간 옷감이 유행이며 재킷 길이가 짧고 바지통이 좁은 옷을 선호했음이 잘 드러난다. 다만 여기에서 흥미로운 점은 이 스타일이 10년 전, 그러니까 1910년대 초 유행의 복귀라는 문장에 있다. 즉 완전히 새로운 스타일이 아닌 과거의 스타일이 재유행한 것이다. 실제로 그 후 1920년대 후반에는 나팔바지가 유행하다가 1930년대 초에 다시 홀태바지와 좁은 소매통의 양복이 유행하면서 10년 전의 유행이 되돌아왔다. 통이 좁은 옷이 1910년대 초, 1920년대 초, 1930년대 초의 10년 주기로 유행한 것이다. 그래서 『동아일보』 1934년 8월 23일 기사 「신사양복, 새 가을의 유행」에는 10여 년 전 스타일이 다시 유행이니 10년 전 옷이 있으면 꺼내 입으라는 말까지 나온다. 예나 지금이나 '복고'라는 이름 아래 유행이 돌고 돈 것은 마찬가지였던 것 같다.

서울호 와이셔츠 광고

유행 전망을 다룬 기사를 하나 더 살펴보자. 당시 화신백화점에 문의하여 작성된 기사 「패션 쇼-가을철 유행될 남자 양복」(『동아일보』, 1933년 9월 2일)에 따르면 가을에 유행하는 색은 회색과 갈색인데, 동양인의 피부에는 갈색보다 회색이 더 조화로우므로 회색이 단연 우세하다고 말한다. 또한 키가 커 보이도록 스트라이프 무늬를 넣는 것이 좋은데 스트라이프는 바탕과 다른 색이 아니라 바탕과 같은 계열이며 좀 더 옅은 색 줄을 넣는 것이 좋음을 알려준다. 또한 옷감은 트위드tweed와 우스티드worsted가 유행할 것이라는 예측을 하고 있다. 요즘은 이런 정보를 보통 패션 잡지나 인터넷을 통해서 얻을 수 있는데, 위와 같은 기사들을 보면 당시의 멋쟁이들에게는 신문이 패션잡지 역할을 한 셈이다.

그럼 여성복은 어떠했을까? 「부인복의 최근 모-드」(『동아일보』, 1934년 1월 30일)라는 기사는 최신 유행의 부인복 그림과 함께 지난 몇 년간 유행한 하늘하늘한 옷 대신 등이 판판하고 어깨가 올라간 스타일이 유행이라고 전한다. 또한, 봄에는 검은색이 기를 펴지 못하고, 연둣빛에 금이나 금도금 장식이 달린 핸드백이 유행할 것인데, 이것은 금빛이 가죽

1934년 여성복 유행스타일

을 더 아름답고 깨끗하게 보이게 하기 때문이라는 설명을 덧붙였다. 같은 해의 기사 「부인 양복, 새 가을의 유행」(『동아일보』, 1934년 8월 22일)에서는 가을 유행 패션을 전망하며, 스타일은 복잡하고 옷감은 거친 직물이 나오며 색은 자갈색이 유행할 것이라고 말한다.

'로아'라는 필명의 기고자는 『별건곤』 1930년 11월호, 「새로운 경향의 여인점경點景」에서 최신 유행을 이끄는 양장미인의 모습을 묘사한다. 이 여성은 암사슴같이 깡총한 두 종아리를 비스코스 실크viscose silk스타킹으로 감싸고, 짤막한 뒷머리는 두 줄로 땋아 흑 공단 리본을 뒤통수에 바짝 올려 매었다. 살구색 하이힐을 신고, 가슴엔 커다란 핸드백을 안고 있다. 그 앞을 아무렇지 않은 척 지나가는 양복 청년들의 가슴엔 동경과 불안이

1920년대 구두광고

교차한다. 한 번 말을 걸어볼까? 호되게 망신을 당하진 않을까? 의외로 선선히 응할지도 몰라? 생각하는 찰나에도 양장미인과의 거리는 점점 멀어지고, 청년은 부질없이 괴로울 뿐이다. 로아는 "이런 미소녀들을 하루에도 4, 5명씩 만날 때 웬만한 청춘은 뇌살惱殺당하고 말리라."라고 덧붙인다. 그렇다면 다들 이 양복청년들처럼 양장미인을 동경했을까?

안티 패션, 역겨워서 못 봐주겠소

패션에 대한 과도한 관심은 반발도 불러왔다. 안티 패션이라고 부를 만한 반反패션주의의 논조는 대체로 서양 멋쟁이처럼 꾸미고 다니는 것이 식민지 조선의 현실에 맞는 것이냐는 질책이다.

멋 때문이 아니라 직업상 양복을 입었던 샐러리맨들의 모습은 당시 조선의 일상 경제 사정을 생각해보게 한다. 「가장의 양복과 부인들의 상식」(『동아일보』, 1927년 5월 3일)이라는 기사는 "신구 가정을 물론하고 그 가정의 가장되시는 분은 양복을 흔히 입"는데, 부인들이 양복에 대한 상식이 없어 매번 양복점에 수리를 맡기느라 비용을 들인다는 양복점 주인의 기고문이다. 그는 양복도 가정에서 관리해 깨끗하게 입을 수 있다며 부인들이 양복에 대한 상식을 가지길 바란다고 말한다. 이 기사에서 도시 직장인의 경우 대개 양복을 입었고, 하다못해 트인 부분을 꿰매는 것조차 양복점에 맡길 정도로, 가정에서 관리를 못해 가정 경제에 부담이 되었음을 알 수 있다.

양복을 계절별로 마련하는 것도 부담이었다. 샐러리맨의 춘추복에서 전당포 창고 안에서 배인 나프탈렌 냄새를 맡는다거나(로아, 「새로운 경향의 여인점경」, 『별건곤』, 1930년 11월호), 늦가을 전당포에서 찾은 주름 잡힌 겨울양복을 다림질도 않고 다니는 남자들이 가련하다는 기사(김경선, 「전당국이 원인」, 『별건곤』, 1930년 11월호)는 양복장도, 돈도 없어서 봄이 오면 겨울옷을 전당포에 잡히고 춘추복을 찾아 입고, 겨울이 되면 춘추복을 전당포에 잡히고 겨울옷을 찾아 입던 샐러리맨의 생활고를 전해준다. 이처럼 많은 사람이 곤궁한 경제사정을 견디고 있는 현실에서 마치 영화배우나 된 양 사치스럽게 꾸민 모습이 곱게 보일 리가 없다.

『별건곤』 1930년 11월호는 가을 거리의 남녀풍경을 주제로 각계각층에서 받은 원고를 실었는데, 그중 최의순은 경제 사정에 맞지 않게 철따라 맞춰 입는 조선의 멋쟁이들을 "구역질나는 남성"이라고 비난한다. 비난을 직격으로 맞은 남성들의 모습을 잠깐 보자. 이 멋쟁이들은 가을이 되자마자 약속이나 한 듯이 2~3일 만에 모자부터 구두까지 계절에 맞게 담색淡色으로 차려

입었다. 최신 유행 정장에, 푸른 바탕에 빨강 점무늬 넥타이를 맸다. 가슴엔 장식용 손수건pocket square을 늘어뜨리고 머리엔 모자를 한쪽으로 기울어질 듯 가만히 얹었다. 장식용 손수건을 꽂는 방식이나 모자를 얹는 방식에까지 세세히 신경을 기울이는 모습이 오늘날 보기에도 감탄할 만하지만, 시대가 일제강점기였음을 떠올리면 그리 보기 좋은 모습은 아니다. 이 남성들에게 식민지 현실이나 빈곤한 경제사정은 먼 나라 얘기인 듯한데, 최의순은 그 꼴이 구역질이 난다는 것이다.

이번엔 여성에 대한 비난을 보자. 같은 잡지에 실린 방춘해의 기사 「복색服色에 가지가지」다. 방춘해는 겨드랑이 바로 아래 닿는 짧은 저고리를 태연히 입고 다니는 여성을 보고 저러다가 나중엔 아예 저고리를 안 입겠다고 비꼰다. 여학생들은 가지각색 치마에 머리를 틀고 화장하고 향수 냄새 풍기며 높은 굽 구두를 신고 다닌다. 부인들은 기름 바른 머리에 온갖 색의 비녀를 꽂고 흰 고무신, 검정 고무신, 노란 고무신을 신고 빨강, 파랑, 알록달록한 우산을 받친 차림으로 나선다. 방춘해는 이런 여성들의 모습을 묘사하고, "가뜩이나 얼빠진" 조선 청년들이 이런 미인들의 모습에 더욱 정신을 못 차린다고 비난한다. 그러면서 색다른 이유로 검소한 차림을 할 것을 권하는데, 근사히 차려 입은 여인의 얼굴은 의상의 화려함에 가려 빛을 잃지만, 반대로 무멍옷을 얌전히 입은 여인의 얼굴은 실제의 몇 배로 아름다워 보인다는 것이다. 우스갯소리 같기도 하지만 체형의 장점을 부각시키는 잘된 패션과, 단점을 도드라지게 하는 잘못된 패션을 비교해보면 일리가 있다.

『별건곤』, 1930년 5월호에 「MODERN COLLEGE 개강」을 기고한 익명의 필자는 모든 종류의 꾸밈을 배격하라는 극단적 주장으로 치닫는다. 그는 “취미와 문화란 아니꼬운 명목 아래” 고수해온 멋부림을 모조리 그치라고 외친다. 근거는 모던은 합리주의이자 이지주의理知主義로서, 장식을 배제하고 단순함으로 환원하고 있다는 것이다. 의상에서 장식의 배제는 것은 장신구의 거부를 뜻한다. 글쓴이는 와이셔츠, 커프스 단추, 칼라, 반지, 스프링코트, 계절별 모자, 단장, 여름 백 서지바지, 백구두 등속은 모두 불필요한 장식물이라고 말한다. 그는 당장 철따라, 요일 따라, 시간 장소에 따라 하루에도 몇 번씩 갈아매는 미친 넥타이 도락道樂을 집어치우라 한다. 나아가 손목시계도 버리라는 대목에 이르는데, 도시의 거리나 가게마다 시계가 설치되어 있는데, 팔뚝이나 품에 사소한 시계 나부랭이를 차고 있을 이유가 뭐냐는 것이다.

꽤나 과격한 주장이지만 눈이 나쁘지도 않으면서 안경을 쓰는 안경기호병眼鏡嗜好病을 버리라는 대목에는 시선이 간다. 그

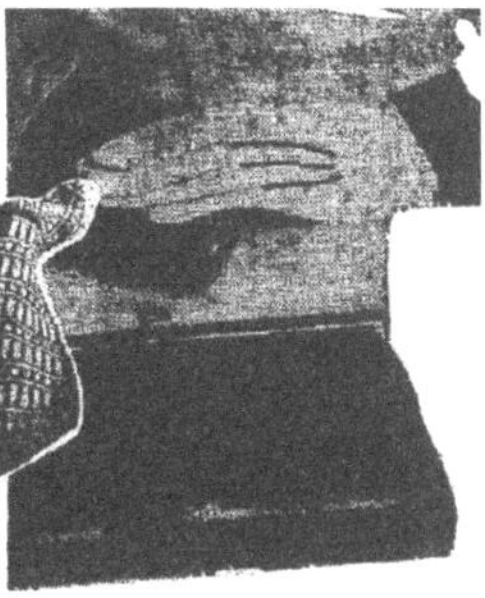

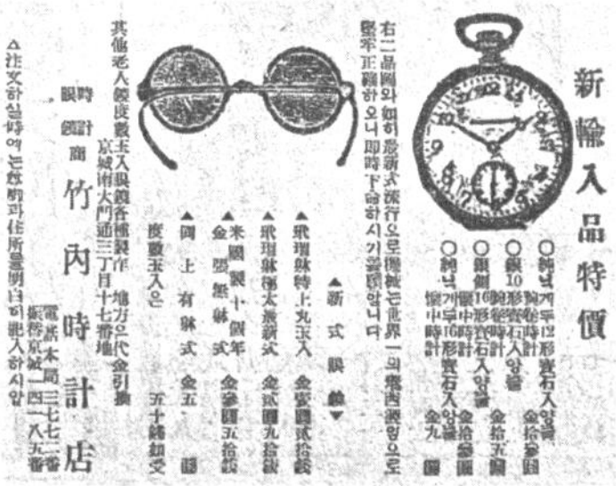

1 2
3

1 넥타이, 장갑, 핸드백의 1934년 유행스타일
2 1920년대 손목시계광고
3 1920년대 안경과 시계 광고

는 서양에선 원근시遠近視가 아닌 다음에야 안경을 쓰지 않는데, 조선 사람들은 멋대가리 없이 안경을 즐겨 쓰고, 심지어 하이칼라의 필수적인 요소로까지 생각한다고 비꼰다. 요즘도 멋으로 도수 없는 안경을 쓰거나 알 없이 안경테만 걸치는 사람들이 있는데, 그 원조가 근대시기까지 거슬러 올라감을 알 수 있어 흥미롭다. 물론 그 시절에는 오늘날처럼 얼굴형을 보완하려는 의도는 아니었겠지만, 지적인 분위기를 풍기려 한 것은 오늘날과 마찬가지라고 생각된다.

이처럼 근대 패셔니스타들의 스타일은 오늘날 멋쟁이들에 비교해도 손색이 없지만 암울한 식민지 현실과 빈곤한 경제사정은 패션에 대한 사치를 고운 시선으로만 바라볼 수 없게 했다.

아름답고 싶은 청춘의 욕망은 막을 수 없어

『별건곤』 1930년 7월호에는 이름을 밝히지 않은 글쓴이가 「누구를 위해 꾸미는가爲誰而粧?」라는 기사를 써 어느 여름날 연초공장에서 일을 마치고 나오는 열대여섯 살 소녀들의 모습을 보고 놀라고 탄식했던 경험을 털어놓는다.

> 굽 높은 노란 구두, 인조견 양말, 철에 맞춘 가스씨마 치마, 별문생고사 저고리, 곱게 빗어 늘인 향유 머금은 뒷머리, 생글생글 웃음을 토하고 있는 그 눈 눈 눈 눈…….

글쓴이는 여공女工들이 호화롭게 차려입은 여학생들과 조금도 다를 바 없이 꾸미는 데 충격을 받는다. 아름답게 차린 이 처녀들이 무서운 노사관계 아래 싸워나가는 노동자일 수 있을까? 일급 삼사십 전에 목매는 무산자의 자녀들일 수 있을까? 집에는 굶주린 어린 동생들이 눈이 빠져라 누이를 기다리고 있진 않을까? 구두 한 켤레 값이 한 달 치 급여와 맞먹는 처지에, 대체 그녀들은 누구를 위해 이렇게 과분한 치장을 하는 걸까. 꼬리를 물고 늘어지는 생각 끝에 결국 글쓴이는 "조선 사람들의 밑 빠진 주책없는 사치풍이 드디어 여공들의 마음까지 침식하고 말았는가!"하고 탄식한다.

하지만 한 세기에 가까운 시간이 흐른 지금, 고된 하루 일을 마친 어린 여공들이 화사한 옷으로 갈아입고 동무들과 떠들며 공장 문을 나서는 모습을 떠올려보면, 비난이나 개탄보다 앞서 드는 감정이 있다. 당대엔 현실을 잊은 철없는 사치를 비난하는 것이 당연했겠지만, 오늘날 바라보기엔 고달픈 하루를 살아가면서도 버릴 수 없었던 청춘의 욕망이 한편으로 안쓰러운 것이다. 현실의 무게에 눌려가면서도 또래 여학생처럼 꾸미는 것은 생의 가장 빛나는 순간을 놓치지 않으려는 처연한 몸짓이다. 사치풍이 여공의 마음에 침식한 것이 아니라, 삶의 신산辛酸조차 약동하는 젊은 피엔 스며들지 못했다고 말하고 싶다. 생각이 여기까지 미칠 때, 탓하는 마음에 앞서, 어째서 같은 또래의 소녀들이 누군가는 온갖 신문물의 세례를 받은 여학생으로, 누군가는 치장하는 것조차 비난받는 여공으로 살아야 하는지를 생각하게 되는 것이다.

근대,
아름다움의 독을 바르다

이미현

美에 대한 집착의 시작

인류 문화가 출현한 이후로 여성들은 끊임없이 아름다움을 추구해 왔다. 시대와 민족은 다르지만 저마다의 미의식은 확고하다. 과거부터 그 시대를 대표하는 미인들은 늘 존재했으며 그들의 아름다움은 지금까지도 전해지고 있다.

서구의 대표 미인 대열에서 빼놓을 수 없는 클레오파트라는 영웅들의 찬양을 불러일으킬 정도로 뛰어난 미모였다고 한다. 그녀는 매끈하고 뽀얀 피부를 유지하기 위해 몸에 온갖 향유를 바르고 진주를 녹인 식초를 마시기도 했다. 서양의 미인이 이렇다면, 동양을 대표하는 미인인 양귀비와 서시는 어떠했을까? 동양에서 말하는 아름다움의 기준은 '눈처럼 하얀' 피부였다. 양귀비 역시 하얗고 부드러운 살결을 유지하기 위해 목욕과 화장수에 정성을 쏟았다고 알려졌다. 그녀는 옥련탕玉蓮湯에 장미 꽃잎을 넣어 목욕함으로써 주름을 예방하고 피부에 활력을 주었다. 서시 역시 녹두를 갈아 팩을 하여 살결을 보드랍게 가꾸었다고

한다. 현대에 들어 이런 비법에 기인한 많은 화장품이 탄생하는 것을 보면 그녀들의 관리법에는 나름대로 과학적인 근거가 있었던 것 같다. 한편 다소 황당할 만큼 잔혹한 방법으로 피부를 관리했던 여인도 있었는데, 바로 루마니아의 바토리 부인Erzsebet Bathory이다. 젊음을 되돌리기 위해 수많은 처녀들을 죽음으로 몰아 그 피로 목욕한 잔혹성은 그녀를 뱀파이어라는 존재라고 믿게 되었다. 이처럼 여성들의 아름다움을 향한 욕구는 매우 긍정적인 결과를 만들기도 하고 때로는 무서운 결과를 이끌어 내기도 했다.

위에서 살펴본 것처럼 과거의 여성들이 주로 자연에서 찾은 비법으로 피부 자체에 신경 쓴 세대라면, 근대의 여성들은 본격적으로 인공 화장품을 이용해 색을 강조하는 색조 화장을 시작한 세대이다. 그렇다면 신문물의 도입으로 인공 화장품을 접하게 된 신여성들의 화장이란 어떤 것이었을까? 이 궁금증에서 이야기를 시작하려고 한다.

조선 여성의 It item, '박가분'의 등장

어느 시대건 미인의 기준은 하얗고 부드러운 살결에 맞춰 있다고 해도 과언이 아니다. 근대의 신여성들에게도 '아름다운 피부'가 큰 관심사였다. 앞에서 잠시 언급했듯 천연 재료로 미모를 가꿔왔던 과거와 달리 근대 신여성들은 대량으로 생산된 인공적인 화장품을 통해 좀 더 적극적으로 자신을 치장하기 시작한다. 그중에서도 하얀 피부를 선호하는 여성들의 요구에 따라 제조된 '백분'이 큰 인기를 끌었다.

백분 이야기가 나왔으니 말인데, 당시 'It item' 중 하나인 '박가분'을 빼놓고 말할 순 없을 것이다. 박가분은 우리나라에서 생산된 최초의 화장품이라 해도 과언이 아니다. '박씨 가문에서 만든 분'이란 의미의 박가분은 두산그룹 창업자 박두병의 아버지인 거상 박승직의 아내 정정숙이 만들었다. 포목점을 운영하던 정정숙이 남편 박승직을 도와 옷감을 팔면서 여성 손님들에게 사은품으로 지급하던 제품이 박가분이다. 나중에는 이 분을 갖고 싶어 일부러 옷감을 사러오는 여성들까지 생겨났고 이런 뜨거운 인기에 힘입어 본격적으로 제품을 대량 생산하기 시작한다. 아래는 당시 박가분의 광고 내용이다.

> 박가분을 항상 발느시면 죽은 깨와 여드름이 업서지오 얼골에 잡틔가 업서저서 매우 고와집니다. 살빗치 고와지고 모든 풍증과 땀띠의 잡틔가 사라지고 윤택하여짐니다.

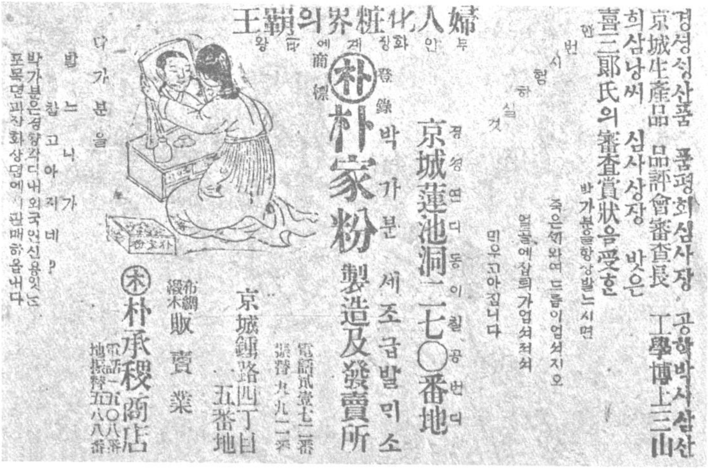

박가분 광고

이 박가분이 지금의 두산이 대기업이 되기 위한 발판이 되었다. 분가루 하나가 거대 기업의 밑거름이 될 정도라니 얼마나 많은 양이 판매되었을지 상상이 되는가? 실제로 하루에 약 5만 갑 정도가 팔렸다는 통계가 있으니, 그 양이 가히 놀랍다. 1920년대 우리나라 인구가 약 2천만 명으로 조사되는데 그중 4분의 1이 여성이라고 추정한다면 하루에 100명 중 1명이 사는 꼴이 된다. 요즘에 3초 만에 1병씩 팔린다고 해서 3초 화장품이라고 불리는 제품들이 많이 있다. 당시 박가분의 인기도 이에 못지않았음을 고려해 본다면, 3초 화장품의 원조는 박가분이 아닐까?

근대 대중스타 '기생', 장연홍의 매혹적인 유혹

아무리 좋은 제품을 생산했어도 소문이 잘 나야 판매도 잘되는 법! 마침 근대에 등장한 잡지, 영사기, 라디오, 축음기 등 다양한 미디어매체가 소비에 도움을 주었다. 생활 전반에 파고든 각종 미디어를 통해 제품을 널리 알려서 사람들의 소비심리를 부추긴 것이다. 하지만 아무리 뛰어난 매체를 통한 광고라고 해도 뜻대로 사람의 마음을 움직일 수는 없다. 근대보다 미디어매체, 특히 영상 매체가 월등히 발달해 있는 현대라도 모든 광고가 다 성공적이지는 않은 것처럼(물론 이것은 단순 비교일 뿐, 근대와 현대의 광고가 절대 비교대상이 될 수는 없다) 사람의 마음을 움직일 수 있는 무엇인가 있어야만 광고를 통해 구매율을 상승시킬 수 있다. 여러 가지 방법이 있겠지만 당대 가장 인기 있고 인지도 높은 사람으로 광고 모델을 세우는 것이 그중 하나이다. 톱스타가 사용하는 제품이라고 하면 따라서 써보고 싶은 게 사람 심리이니 말이다. 근대에도 오늘날의 김태희, 전지현, 한가인에 견줄 만한 슈퍼스타들이 있었다. 뛰어난 미모와 재능을 갖춘 살아있는 꽃. 그들은 바로 개화기의 기생들이다.

당시 기생들은 권번이라고 하는 조합에 소속되어 있었다. 권번의 기생들은 광고, 방송, 음악, 영화, 행사 등 다양한 분야에서 활동하였는데, 지금의 연예인과 같다고 보면 된다. 하지만 그

녀들이 높은 인기가 단지 예능에 능하기 때문만은 아니다. 그녀들은 최신 유행의 선두주자로서 일거수일투족이 관심거리였다. 시대를 앞서나가는 신여성의 모델로 그녀들의 화장법, 패션, 생활 등이 당시 여성들의 워너비wannabe였던 것이다. 기생들이 등장하는 샴푸와 화장품은 장안의 화젯거리였을 뿐 아니라 당대 최고의 유행을 선도하는 지침서로 자리 잡았다. 이렇게 인기를 한 몸에 받은 기생들이 광고계의 최고 모델이 되는 것은 당연했고, 그녀들을 앞세워 광고한 화장품은 날개 돋친 듯이 판매되었다. 이때 판매 전략의 핵심은 제품 이미지에 맞는 최고의 '얼짱 기생'을 모델로 찾는 것이다. 그중 제일 잘나갔던 기생으로 장연홍을 꼽지 않을 수 없다.

장연홍 그녀가 누구인가 하면 14살에 평양 권번에 입문한 여성으로, 화초기생(젊고 얼굴이 예쁜 기생) 중 최고라 손꼽히며 청순해 보이면서도 매혹적인 눈웃음으로 남성들의 마음을 흔들어 놓아 구애가 끊이지 않았다. 기생으로서의 화려한 삶을 뒤로하고 그녀가 돌연 상하이로 공부하러 떠난 때가 21살인데, 그 후 그녀의 소식이 끊긴 뒤에도 사람들이 잊지 못한 걸 보면 그녀의 인기는 예사 높은 게 아니었던 것 같다.

장연홍 외에도 김영월, 오산월과 같은 기생들이 화초기생으로서 비누나 화장품 광고의 인기 모델이었다. 그녀들의 얼굴과

스타일을 전면에 부각시켜 광고하는 제품들은 그야말로 히트상품이 되었다.

찹쌀떡이냐? 밤 도깨비냐?

이런 백분의 인기가 얼마나 높았는지 알려면 당시의 화장법을 알고 넘어가야 할 것 같다. 과거 전통적 화장이 은은하고 자연스러운 화장법을 지향했다면 근대에는 서양인처럼 이목구비를 또렷하게 보이기 위한 색조화장이 대세였다. 이때 얼굴은 하얗게 눈썹은 진하게 입술은 붉게 표현하는 것이 기본 방법이다. 대략 지금의 화장법과 비슷한 개념이라고 보면 된다.

백분은 기본적으로 얼굴색을 하얗게 만들어 준다. 여기서 하얀 피부는 요즘과 같이 한 듯 안 한 듯 투명한 피부 표현이나 광채가 나는 피부와는 다르다. 마치 밀가루를 얼굴에 고르게 두드려준 듯이 뽀얗게 만드는 것이 근대의 화장법이다. 여기에 다소 밋밋해 보일 수 있는 눈썹은 버들잎 모양으로 도톰하고도 길쭉한 모양으로 끝을 가늘게 빼준다. 입술은 '베니'라고 불리는 인주로 탐스럽게 강조한다.

장연홍을 보면 찹쌀떡처럼 동그랗고 뽀얀 얼굴이 청순해 보인다. 여기에 진달래같은 분홍색 볼연지로 생기를 얹어주니 꽃처럼 화사하다. 도톰하고 곧은 버들잎 눈썹은 이목구비를 또렷

1,2 장연홍
3 김롱주

이 정리해주며, 작은 입술이 더욱 도드라지도록 붉은 인주로 베니칠을 하니 요염하면서도 탐스러워 보이기까지 한다. 이것이 당시의 최신 화장법으로 많은 여성들이 이를 따라하였는데 그 중심에 기생들이 있었다.

반면, 또 다른 기생 김롱주의 사진을 보면 장연홍과 같은 화장법임에 틀림없지만 확연히 다른 느낌이 든다. 장연홍의 화장이 청순함과 화사함을 강조해주었다면 김롱주의 화장은 하얀 반죽같은 얼굴에 짙은 색조화장으로 밤 도깨비를 연상시킨다. 같은 화장법임에도 이렇게 이런 극과 극으로 보일 수 있지만 장연홍을 내세운 백분 광고를 본 근대 여성이라면 찹쌀떡 화장만을 생각하게 될 것이다.

다음의 광고는 당시에 잘 팔리던 백분의 광고이다. 하지만 엄청난 미사여구로 포장된 명백한 과대광고임이 틀림없다. 광고의 문구를 보고 있자면 왠지 얼굴이 뜨거워진다.

> 한 번 두 번에 살 거친 것, 벌어진 것, 주름살은 꿈같이 없어지고 백분이 누구의 살에도 잘 맞도록 화장이 눈이 부시게 해줍니다. 이렇게 여천으로 만들어낸 화장미는 당신을 훨씬 젊게 만듭니다.
>
> – 신현규, 『기생, 조선을 사로잡다』, 어문학사, 2010년, 180~181쪽

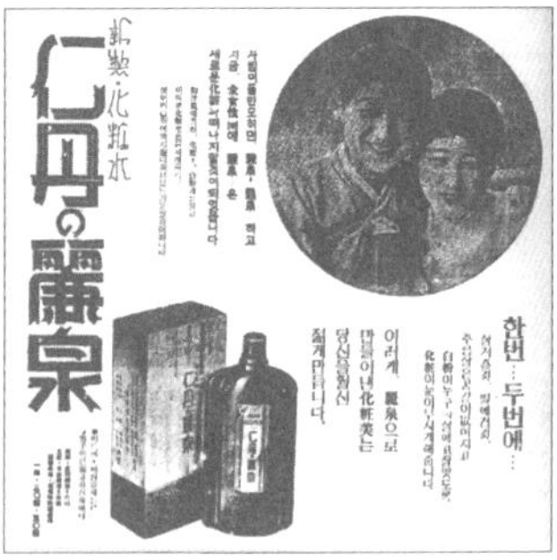

여천광고 사진

위의 광고 문구는 누가 봐도 허무맹랑함 그 자체이다. 그러나 광고 속 화장품을 바르면 정말 누구든 미인이 될 수 있다는 믿음이 여성들의 구매욕을 부추긴다. '아름다움'에 대한

여성의 욕망을 잘 파악하여, 기생의 인기와 이미지를 이용해 광고 효과를 톡톡히 보고 있는 셈이다. 바르기만 하면 홀연히 미인이 될 수 있다는 그녀들의 경험담을 통해 여성들에게 환상을 심어준다. 저 문구대로 누구나 미인이 된다면 무엇이 문제가 될까 싶다. 하지만 여기 『신동아』에 실린 한 기사가 눈에 띈다.

> 아직도 염집부인들은 구식 그대로의 화장법을 쓴다. (…) 크림 대신에 꿀을 발느고 덩어리 납으로 만든분을 회벽하듯 발넛다 캄캄한밤에 맛나면 독개비로 속으리만큼 지독하게 분을 발느고는 인印을 물에 풀어서 연지로 썻다
> – 『신동아』, 1932년 11월 1일, 169~170쪽

위의 글은 당시 유행하던 화장법을 설명한 일부분이다. 납으로 만든 분을 회벽 바르듯 두껍게 바른 얼굴은 마치 도깨비와 같다고 설명한다. 납분을 바르는 것을 전혀 거리끼지 않고 당연시할 뿐만 아니라 아주 두껍게 발랐던 것을 보니, 납 성분이 든 화장품이 얼마나 위험한지 모르는 것이 분명하다. 이제 막 근대 문명이 들어오기 시작한 조선 땅에는 그 효능을 과학적으로 명확하게 밝힐 수 있는 방법이 없었다. 이러한 과학적 근거가 없기에 화장품의 성분을 문제 삼지 않고 많은 여성들이 애용했던 것이다.

화장품의 실체, 꽃 속의 독

당시의 화장품은 크게 두 가지로 나누어 볼 수가 있는데 하나는 백분이고 다른 하나는 크림이다. 피부를 하얗게 만들어준다는 미백크림은 수은으로, 살결이 곱고 부드러운 피부로 만들어주는 살결크림은 붕산으로 만들어진다. 광고에서도 이를 당당하게 '붕산크림', '수은크림'이라고 밝히는 것을 보면 성분의 위해성에 대해서는 무지한 시대였음이 틀림없다.

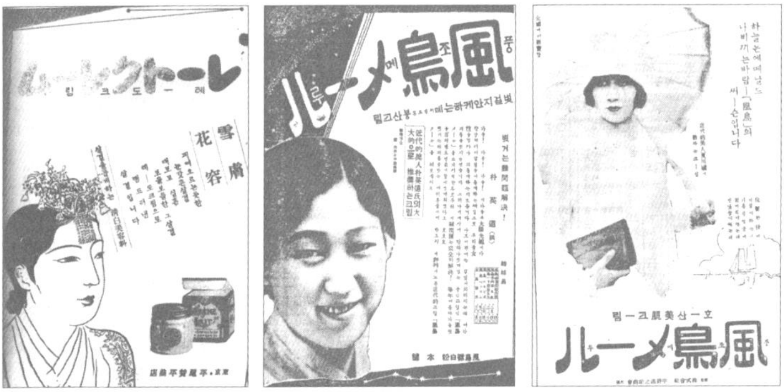

크림 광고

앞에서도 이야기했듯 당시 여성들의 필수품이었던 박가분 같은 백분은 대부분 다량의 납 성분이 함유되어 있었다. 이러한 유해한 물질로 이루어진 화장품을 얼마나 많은 양을 오랜 시간 사용해왔느냐에 따라 그 피해 또한 편차가 크다.

실제로 화장품에 많이 사용된 중금속은 납, 수은 그리고 붕산이다. 그중 납은 작게는 식욕부진과 소화불량, 크게는 신경계 이상으로 정신 착란까지 일으킬 수 있다. 수은은 흡수율이 아주 높은 중금속으로 신경계에 치명적이다. 얼굴과 몸의 근육에 경련 혹은 마비가 오는데 뇌 기능이 저하되면서 인격 변화 현상이 나타나기도 한다. 또 흔히 백반이라고 불리는 붕산은 소독약과 살충제의 재료로 많이 사용된다. 다른 중금속에 비하면 자극이 적으나 피부염과 탈모 등을 유발하기도 한다.

이런 중금속 중독 피해의 심각한 예가 있다. 일본 가부키 공연자들의 경우 공연 시 얼굴뿐 아니라 몸의 상당 부분을 납, 수은이 다량 함유 된 분으로 칠한다. 공연이 끝난 후 순차적으로 뜨거운 물에 입욕을 하면서 분을 씻어내는데, 다음 사람이 씻을 때 입욕 물을 추가해서 더 넣기는 하지만 앞 사람이 씻은 물을 버리고 새로 받아서 쓰지는 않는다. 이때 탕 안에 많은 양의 분이 쌓이며 물에 녹아든 수은은 피부로 흡수되거나 뜨거운 증기를 타고 올라가 호흡을 통해서 몸

가부키 공연사진

안에 축적된다. 흡수된 다량의 중금속은 호흡장애나 질병을 유발할 뿐만 아니라 몸에 마비 증상을 일으켜 결국은 죽음에 이르도록 만들기도 한다. 설사 죽지 않더라도 전신 마비가 오거나 이상인격 증상이 나타나 공연을 할 수 없는 지경에 이른다. 이러한 일화에서도 보듯이 근대에 소비되던 화장품의 주요성분은 위험천만한 물질임에도 불구하고 유해성이 제대로 알려지지 않아 오랜 시간 많은 이들에게 사용되었다.

이런 유해성을 알지 못한 채 미인이 되고자 하는 여성들은 마법처럼 여겨지는 백분과 크림을 앞다투어 사들였다. 박가분이 하루에 5만 갑 정도가 팔릴 정도였으니 그 피해도 상당수 나타났다. 아무래도 화장을 많이 하게 되는 기생 그리고 여학생과 부인네들이 다소 큰 피해를 입었다.

결국 박가분은 1930년 초반부터 그 기세가 한풀 꺾이게 된다. 미분에 납과 식초를 섞어 제조된 박가분의 연독에 고통을 호소하는 피해자들이 속출했기 때문이다. 코와 피부가 상해서 변색되고 잇몸까지 검어지는가 하면 구토증상을 보이기도 했다. 이런 중금속에 중독된 임산부가 기형아까지 낳는 일도 있었다. 자연스레 이러한 피해 사례가 적나라하게 신문에 나타나기 시작했다. 흉물스러운 얼굴을 드러낸 여성의 사진은 보기만 해도 고통이 느껴진다. 수은중독으로 인해 코가 썩고 피부가 문드러지는 피해를 직접적으로 보여주는 것으로 수은의 위험성을 알려준다. 하지만 기가 막힌 반전은 이것이 이 병의 치료약을 판매하기 위한 '광고'라는 사실이다. 여성의 고통스런 얼굴을 극대화시켜 보여주며 치료약의 효과에 대한 기대치를 높이려는 상술이 포함된 광고이다.

대부분 부작용 때문에 화장을 중단하는 분위기였지만, 부작용 때문에 나빠진 낯빛을 가리기 위해 도리어 화장품을 덧바르는 사람도 있었다. 가장 큰 피해는 직업적으로 화장을 자주 할 수밖에 없는 기생들이 입었다. 납 성분이 뇌까지 파고들어 정신 이상을 일으키는 기생들까지 나오면서 급기야 박가분은 '살 파먹는 가루'라는 굴욕의 이름으로 불리게 된다. 1934년 12월 8일 『조선일보』의 기사를 보자.

> 내무성에서는 작년부터 납으로 맨드는 분을 맨들지 못하개 하얏고 금년 십이월 삼십일이면 그 유예기간이 다 됨을로 새해 초하로부터는 이런 분을 팔지도 못하게 되엿는데 조선 총독부에서도 여기에 따라 조선 안에서도 납이 석인 분을 맨들지도 팔지도 못하게 할 방침을 세우고 방금 립안 중입니다.

이렇게 사회적으로 더 이상 납이 섞인 분을 판매할 수 없는 상황이 오면서 새로이 무연 백분들이 속속 등장하기 시작한다. 이때를 놓칠세라 ‘레도백분’, ‘사화백분’, ‘백색미안수’ 등이 집중 광고몰이를 한다. ‘절대로 납이 안든’, ‘연독이 없는 신식 백분’이라는 문구를 내세워 광고를 하면서 화장품계의 흐름도 바뀌어 간다. ‘박가분’의 박승직 역시 품질 개선을 위한 노력을 여러 차례 시도해본다. 하지만 새롭게 등장하는 무연성 백분들이 인기를 끌게 되면서 결국 1937년 폐업에 이르러 백분계의 왕좌에서 내려오게 된다. 이후 출시된 무연 백분 중 하나인 백색미안수의 광고를 보면 다음과 같다.

> 옛날 분은 연독의 무서운 것을 최근의 과학으로 잘 알게 되었습니다. 백색미안수는 내무성 위생시험소에서도 무연백분으로 증명되얏습니다.

이처럼 성능보다는 안전성을 중요하게 강조하는 모습을 보인다. 상품을 생산하는 사람도 소비하는 사람도 새로운 생각과 시선으로 화장품을 바라보기 시작한 것이다.

시간을 이어온 '美'독의 진화

여성들이 무서운 중금속 화장품을 바르는지 모르던 당시의 웃지못할 기사 하나가 눈에 띈다. 『신동아』 잡지에 실린 「거즛말 같은 참말」이란 코너이다.

> 미인은 버러지를 먹어 – 현대여성들은 누구나 다 버러지를 늘 먹는다고 하면 놀랄 사람이 잇겟스나 사실로 현대 화장을 하는 사람은 다 버러지를 먹지 안을수 없는 것이다. 그 이유는 여자들이 화장할 때 쓰는 베니는 버러지를 말리워 가지고 만드는 것이니까 베니칠을 입술에 칠하고 단니면 입술을 빨때마다 그베니가 조곰식 입안으로 들어갈터이니 그것은 곳 버러지가루를 먹는것과 마잔가지가 되는것이다.
>
> –『신동아』, 1932년 12월 1일, 121쪽

이 기사는 서양식 연지인 립스틱 원료에 대해 말하고 있다. '베니'가 지렁이같은 연체 생물을 말려 만든 가루임을 설명하며 이것을 먹는 것에 대해 놀라고 있다. 현대에 들어 화장품 원료에 대해 많은 것을 아는 우리는 놀랍지 않다. 하지만 「거즛말 같은 참말」이라는 코너 이름처럼, 당시 사람들은 이것을 마치 농담처럼 받아들였던 것 같다. 벌레를 먹는다는 것을 비웃기 위해 쓴 글이지만 그것보다 더 치명적이고 위험한 중금속을 얼굴에 바르는 것을 모르고 있는 그들의 모습은 현대의 우리들이 보기엔 우스꽝스러운 상황인 것이다.

현대의 여성들도 더 아름다워지기 위해 부단한 노력을 한다. 태반크림, 뱀독크림, 달팽이 진액 크림 등 화장품의 원료도 더욱 다양해졌다. 그러나 중금속을 얼굴에 바르던 근대 여성들을 비웃는 우리들 역시 새로운 화학물질의 독을 바르고 있다. 화장품의 장기 보존을 위한 '파라벤', 얼굴빛을 보정해주는 '티타늄 다이옥사이드' 같은 성분이 그것이다. 아름다움을 위해 바르는 화장품은 여성들의 필수불가결한 선택이기에 이에 맞춰 현대 여성들도 스마트한 소비모습을 보여주고 있다. 뒷면에 표기된 성분을 찾아보며 유해물질 무첨가 제품을 구매하려고 하거나 직접 천연 화장품을 만들어 사용하는 등 진보된 모습을 보여주는 것이다. 하지만 우리가 근대 여성들보다 진짜 나아졌다고 말할 수 있을까?

과학이 발전한 현대는 다양한 기능성 화장품에만 만족할 수 없는 시대이기도 하다. 화장을 넘어서 시술과 수술까지 이어지는 미에 대한 집착은 우리로 하여금 끊을 수 없는 중독증에 걸렸다는 생각이 들게 한다. 틀어진 턱을 교정해주는 양악수술은 이

제 더 이상 치료목적이 아닌 얼굴형을 고치는 미용 수술이 되었다. 성형수술을 받다가 갑자기 사망하는 사람들의 소식 역시 더 이상 놀라운 이야기가 아니다. 그럼에도 사람들은 성형을 원하고 동경한다. 외모지상주의가 날로 팽배해가는 사회에서 '미美'를 강요받는 것이 어느덧 당연해져 버렸다. 죽음까지 각오하며 아름다움을 좇는 우리의 모습은 근대 여성들의 무지함을 넘어서고 있다. 우리나라가 성형천국이라는 불명예까지 짊어지게 된 것이 아름다움에 대한 집착이 낳은 결과임은 아닌지 깊이 생각해 보아야 할 문제일 것이다.

성병에 감염된 식민지 조선

차선일

코가 사라진 여자들

글을 시작하기 전에 먼저 독자들에게 양해를 구하는 것이 도리겠다. 글머리부터 혐오스런 사진을 버젓이 걸어놓고 있으니 말이다. 다음 사진은 일제강점기 『매일신보』에 실렸던 광고다. 보시다시피 광고는 정면에서 바라본 여성의 얼굴 사진 두 장을 싣고 있다. 오른쪽은 건강한 여성의 얼굴이지만, 왼쪽은 끔찍하게도 코가 함몰된 얼굴이 그대로 노출되어 있다.

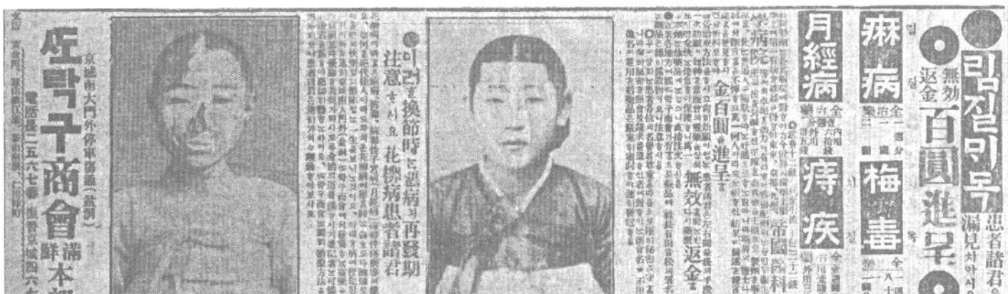

『매일신보』, 1914년 11월 23일

자, 이 광고의 정체는 무엇일까? 아무래도 두 장의 사진만

으로는 짐작하기 어려울 것이다. 눈치 빠른 분들이라면 "림질", "믹독" 과 같은 옛 한글로 표기된 단어를 보고 단번에 간파했을지도 모른다. 그렇다, 정답은 바로 성병 약 광고다. 이미지를 조작해 코를 뭉개놓은 사진은 매독균에 감염된 입과 코 등에 피부 궤양이 나타나는 매독의 증상을 재현한 것이다.

그런데 성병 약을 홍보하기 위해 이렇게까지 흉물스러운 사진을 보여줄 필요가 있을까? 소비자의 공포심을 조장하는 것도 효과적인 판매 전략일 수는 있다. 하지만 현대의 소비자가 신문 1면에서 이런 사진을 마주한다면 당장 신문사와 제약업체를 상대로 격렬하게 항의할 것이 불을 보듯 뻔하다. 일단 눈뜨고 보기 어려운 흉측한 이미지도 거부감이 들지만, 그보다 감히 소비자를 겁박하여 구매를 종용하려는 의도가 불편하고 불쾌하다. 실제로 광고의 텍스트에는 익명의 여성들을 향해 '추부로 변하여 울면서 쾌락 없고 재미없는 일생을 보내게 된다'는 경고를 박아 넣었다. 이 제품을 사용하지 않으면 불행한 일이 닥친다는 식의 강압적 권유는 자칫 대중들의 반감을 얻기 십상이다. 그런데도 이러한 광고가 신문 1면을 차지한다는 것은 일제강점기의 조선사회가 그만큼 성병에 대한 공포심이 만연해 있었다는 사실을 반증하는 것이 아닐까.

일제강점기 조선의 '국민병'

실제로 성병은 결핵과 함께 일제강점기 조선의 대표적인 질환이었다. 성병은 '국민병'이라는 별칭까지 얻을 정도였다. 당시 '국민병'의 위세를 실감하려면 우선 통계를 보는 것이 좋겠다. 당시 조선의 가장 권위 있는 의료중추기관인 총독부의원이 1914년부터 1926년까지 집계한 자료에 따르면, 병원을 찾은 진료환자수의 20%가 성병 환자였다고 한다. 5명 가운데 1명꼴인데, 요즘 병원을 찾는 감기환자들만큼이나 흔한 질병이었던 셈이다. 성병 환자의 수는 갈수록 증가했다. 일제강점기 말에 이르면 집계된 것만 약 34만 명을 넘어섰다. 병원을 찾지 않은 환자까지 포함하면 가히 60만 명이 넘을 것으로 추산된다. (「전 인류를 좀먹어가는 화류병의 박멸책」, 『동아일보』, 1939년 4월 10일) 단순히 숫자만으로 감이 잡히지 않는다면 30세 내외의 남자 중 성병 없는 사람이 절반에도 미치지 못한다는 어느 의사의 증언을 참고해도 되겠다. 물론 이 발언은 공식 통계가 아니니 믿거나 말거나다. 일반 남성들의 성병 감염이 이 정도라면 화류계 여성들의 상황은 더욱 심각했으리라 능히 짐작된다. 이에 관해선 믿어도 되는 자료가 있다. 1906년에 창기 139명을 대상으로 국가가 처음 실시한 성병 검사에서 47명이 감염된 것으로 나타났고, 1927년 경성부가 공창을 검사했을 때 역시 45%가 매독 환자였

다. 임질은 감염되지 않은 사람이 거의 없었다고 한다.

성병 환자들이 기하급수적으로 늘어나자 성병에 대한 담론들도 비례하여 늘어났다. 성병은 금세 다양한 지적 담론들의 각축장이 되었다. 성병 감염은 도덕적인 죄악으로 비난받고 민족과 국가의 이름으로 단죄되었다. 성병 창궐을 제어하려는 사회적 제도적 문화적 노력이 대대적으로 이어졌지만, 그러면서도 성 자체가 문제되지는 않았다. 오히려 성적 쾌락을 더욱 즐겨야 한다는 사회적 분위기가 무르익었다. 그런 와중에 성병을 깨끗이 치유하고 다시 건강한 성생활을 만끽할 수 있는 성병 약 판매가 성행하고, 앞서 살펴봤던 것처럼 이를 홍보하려는 성병 약 광고가 성업을 이루었다. 성병은 경제적 이익을 창출할 수 있다는 이유로 공론장에서 거리낌 없이 노출되었다. 이렇게 일제강점기 조선에서 성병은 사회적 음지에서 단속되고 문화적 양지에서 번성했다.

성병의 온상, '공창제'

성병의 역사는 인류의 역사만큼이나 유구하다. 성병 가운데 가장 흔한 것으로 알려진 임질은 고대 중국 황실이나 그리스-로마 시대에도 기록이 남아 있는 오래된 질병이다. 매독은 서양에서 유입된 성병인데, 16세기 초 중국과 조선, 일본에서 유행했던 것으로 알려져 있다. 우리 역사를 보면 세종대왕이 임질에 걸려 괴로워했고, 병자호란 때 중국에 끌려갔던 소현세자가 매독에 감염되어 왔다는 기록이 있다.

임질이나 매독이 전혀 새로운 질병이 아니었음에도 일제강점기에 유독 성병이 폭발적으로 유행했던 까닭은 무엇일까? 흔히 성병 확산의 일차적인 원인으로 매매춘을 지목하곤 한다. 성병이 주로 성적 접촉을 통해 감염되기 때문에 매매춘의 무분별한 확대가 성병 유행의 주범으로 설명되는 것이다. 이러한 맥락에서 당시의 조선의 성병 확산 현상을 일제의 '공창제公娼制'가 도입되면서 생겨난 것으로 풀이하는 시각이 설득력을 얻는다.

공창제는 국가가 성매매를 직접 관리하는 제도로, 대개 남성 군인들에게 성병이 없는 안전한 여성들을 제공하려는 목적으로 시행되었다. 1908년 '기생 단속령'과 '창기 단속령'의 시행에 이어, 1916년 법적으로 확립된 공창제 역시 일본 군대 위안과 체계적인 성병 검진 및 관리가 주된 목적이었다. 사실 공창제 도입이 본격화되기 이전부터 개항 이후 형성된 일본인 거류지를 중심으로 일본식 매매춘이 조선에 유입되었고, 이때부터 성매매를 전업으로 하는 창기가 나타나기 시작했다. 우리나라엔 그 이전에도 양반을 상대로 향응을 제공하고 성적 접대를 제공했던 기

생이 있었지만, 돈만 지불하면 누구나 여성의 성을 향유할 수 있는 '민중화된 기생', 즉 창기의 등장은 일본의 창기가 들어오면서부터라고 할 수 있다. 조선에 거주하는 소수 일본인의 편리와 위생을 고려하여 형성된 매매춘은 청일전쟁(1894년)과 러일전쟁(1904년)을 거치며 일본인 관리와 군인 들이 대거 건너오면서 조선 전역으로 확산되었다. 당시 조선의 일반 민중들 사이에서 불렸던 〈신아리랑타령〉에는 "전답 좋은 것은 철로로 가고 계집애 고운 것은 갈보로 간다."라는 구절이 있을 정도였다. 이런 노래가사를 보건대 개화기에 이미 매매춘이 사회 전역으로 급속히 확산되었음을 짐작할 수 있다. 이러한 환경이 조성되자 일제는 본격적으로 군인들의 성병 예방을 위해 매매춘 여성들을 집단적으로 관리하는 유곽을 설치하기 시작했다. 바로 공창제의 시작이었다.

'화류병'을 앓는 여성들

하지만 성병이 사회적으로 확산된 원인을 매매춘 확대나 공창제 탓으로만 돌리기는 어렵다. 성병과 매매춘 간 유의미한 영향관계를 부정할 순 없겠으나 가장 큰 원인이라고 단정하기에는 주저되는 바가 없지 않다. 무엇보다 매매춘을 성병 확산의 주범으로 꼽을 때 사실상 단속되고 처벌되는 대상은 매매춘 여성들이며 매매춘에 가담한 남성들은 면죄부를 받는다는 것이 문제다. 이것은 명백히 성을 차별하는 이데올로기적 태도다. 요컨대 매매춘이 확대되면서 성병이 번성한다는 시각에는 암암리에 성차별주의가 잠복해 있는 것이다.

실제로 당시에 성병 예방과 관리는 오직 매매춘 여성에게만 집중되었다. 게다가 '건강 검진'이라는 명목으로 실시된 성병 검사는 강압적이고 비인간적이었다. 매춘부에 대한 '건강 검진'이 처음 실시된 것은 1906년으로 성병 검사는 '남자'의사에 의해 실시되었다. 1907년 3월 19일자 『대한매일신보』에는 이러한 성병 검사의 문제점을 비판하는 기사가 실리기도 했다.

> 광제원廣濟院에서 상화실賞花室를 검사하는데 철기계를 사용하여 하문이 중상한 여자가 칠팔 명이었다. 매음부들이 차후에는 검사를 아니할 것이라고 결심하였다. 또 들리는 바에 따르면 소위 의학교를 졸업하였다는 외국 의사가 병이 없는 여자도 병이 생기도록 만들었다고 원망하는 소리가 분분한다더라.

매매춘 여성들은 성병 검사를 받다가 오히려 '생병'을 얻기도 했는데, 남자의사가 난폭하게 휘두르는 차가운 의료기구 때문이었다. 무엇보다 당시 사회통념에 비추어볼 때 남자 앞에서 치마를 걷어 올리고 알몸을 보여주어야 하는 상황에 매매춘 여성들은 극도의 수치심을 느꼈을 터였다. 때문에 실제로 창기들은 성병 검사를 피하기 위해 도망가거나 심지어 자살을 시도하기까지 했다.

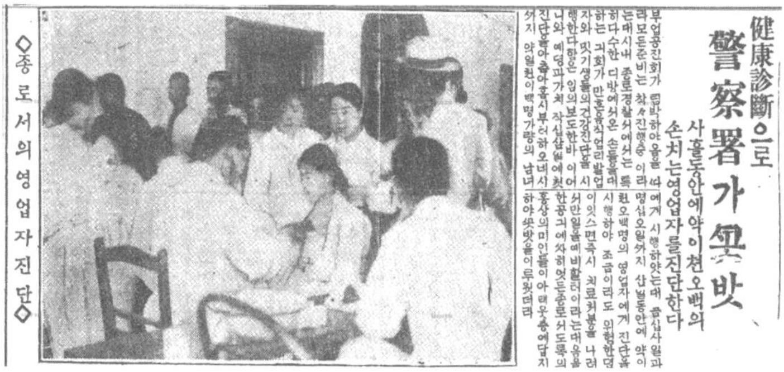

일제강점기에는 매매춘 여성들을 대상으로 한 위생 검사가 정기적으로 실시되었다. 위 사진은 1923년 9월 16일자 『동아일보』에 게재된 기사로, 종로경찰서에서 '건강 검진'이 실시되는 모습을 볼 수 있다. "건강검진으로 경찰서가 꽃밭"이라는 제목에서 짐작할 수 있듯이, 위생 검진의 대상은 모두 매매춘 여성들이었다.

매매춘 여성들에게만 집중된 성병 검사 제도는 아무런 효과가 없었고, 성병 확산은 점점 통제할 수 없는 상태로 치달았다. 때문에 1934년에는 아예 '화류병 예방령'이 시행되었다. '화류병'은 성병을 달리 부른 명칭인데, 법령에도 적시된 이러한 명명에는 성차별주의의 시각이 내포되어 있다. 은연중에 성병의 발원지를 화류계라고 넌지시 지칭하고 있는 것이다. 매매춘에 종사하는 대부분의 여성들이 임질과 매독 등에 감염되어 괴로워했지만, 정작 그들에게 더 큰 고통을 안겨준 것은 '화류병'이라는 이름 속에 갇혀 감내해야만 했던 사회적 차별과 배제였다.

은유로서의 성병

성병은 일반적으로 다른 질병과 달리 '특별한' 사회적 대우를 받는다. 예컨대 어떤 이가 암에 걸렸다고 하면 우리는 그를 그냥 환자로 본다. 반면 매독에 감염되었다고 하면 그는 십중팔구 부도덕한 인간이라고 먼저 낙인찍는다. 임질, 매독, 에이즈 등 성병만큼 배타적이고 차별적인 시선에 의해 규정되고 의미를 부여받는 질병도 드물다. 성병은 병 그 자체로 다루어지지 않고 늘 은유화되곤 한다. '화류병'이란 명명도 그러한 은유다.

앞서 언급했듯이 '화류병'은 성병의 발원지를 화류계 여성들로 표적화하며, 이러한 연관에 의해 성병 감염은 성적 방종의 산물이라는 부정적인 인식을 낳게 된다. 성병 환자는 성적 부도덕성의 낙인을 피할 수 없고 사회적 불명예와 도덕적 치욕감을 느낀다. 이러한 점은 대부분의 성병 환자들이 자신의 병을 공개하고 적극적인 치료에 나서는 것을 주저하게 만드는 요인이 된다.

① 인천동 사동 전석현의 처 문의성은 몇해 전부터 매독을 옮아 고통스러워하던 중 인육을 먹으면 낫는다는 말을 듣고 금년 삼월십사일 오전 한 시에 리보현을 시켜 한지면 이태원 공동묘지에 파묻은 간동 일백육번지에 살든 김기원이란 여자의 시체를 파내어 다리의 살을 베어다가 시내 장사동 문룡운의 집에서 받아 먹고 그 보수로 돈 이십오원을 주웠는데 매독은 낫지 아니하고 범죄는 발각되어 오래 동안 검사국에서 취조를 받았다.

② 전남포 신흥리에 사는 박상민이란 이는 외아들인데 두 달 전부터 임질로 신고하던 중 어떤 사람에게 콩버러지의 '가래'를 먹으면 낫는다는 말을 듣고 가래를 잡어다 먹고 그만 중독이 되어 죽었다.

①의 글을 읽고 무슨 소설인지 궁금했을지도 모르겠다. 그러나 이것은 실화다. 1922년 8월 22일자 『동아일보』에 실린 기사다. 매독을 치료하기 위해 인육을 먹으면 낫는다는 속설을 믿고 무덤을 파서 시체의 다리를 먹었다는 이야기다. 『동아일보』 1924년 6월 18일자에 실린 ②번의 글 역시 임질로 고통 받던 남자가 속설을 믿고 '콩버러지의 가래'를 복용하다 죽었다는 이야

기를 보도하고 있다.

이 두 기사는 성병 환자들이 겪는 고통의 본질이 질병이 야기한 육체적 통증보다는 성병에 덧씌워진 사회적 낙인에 있다는 사실을 알려준다. 두 기사를 자세히 읽어보면 인육을 먹은 것은 부녀자이고, 벌레를 잡아먹은 이는 어느 집안의 외아들이라는 사실을 알 수 있다. 부녀자는 아마도 남편으로부터 성병이 옮은 것일 텐데, 그럼에도 성병에 걸렸다는 사실을 알리지 못하고 치료도 제대로 받지 못했을 것이다. 여러 차례 민간요법에 의지하다 차도가 없자 급기야 무덤을 파헤쳐 인육을 먹는 극단적인 방법을 시도했던 것이다. 부녀자를 이토록 비참하고 끔찍한 결과로 내몬 것은 매독에 걸렸다는 이유만으로 사람들에게 도덕적 비난의 손가락질을 받는 것이 그 무엇보다 두려웠기 때문이었다.

부녀자가 매독을 꼭 완치시켜야 하는 이유는 또 있다. 그 이유는 ②번 글의 주인공인 어느 외아들의 사연에서 유추할 수 있다. 임질을 앓고 있는 외아들이 벌레의 가래를 먹으면서까지 병을 치료하려고 한 이유는 하나다. 임질에 걸리면 아들을 낳지 못한다는 속설 때문에 가문의 대를 잇지 못할까 두려웠던 것이다. 다음 기사를 보면 부녀자와 외아들에게 성병이 어떤 의미로 이해되었는지 그 내막을 좀 더 자세하게 이해할 수 있을 것이다.

근일 청년계의 현상을 보건대 일부 부랑청년의 유인을 받아 연극장 신정 기생집 술집 같은 불미한 곳에 다니면서 무서운 죄악에 빠져서 가산을 탕패하고 명예를 깨트릴 뿐 아니라 종말에는 흉악하고 무서운 화류병에 걸려 다시는 이 세상에 얼굴을 들지 못하고 누를 자손에게까지 끼치는 일이 허다하다. (…) 또 천행으로 법률상 죄악을 짓지 아니할지라도 육체가 매독과 임질 같은 무서운 병에 걸리는 것이니 세상이 다 아는 바와 가치 매독에 걸리면 삼년 안으로 전신에 종기가 나고 코가 떨어지며 그의 자손도 그 병이 유전되어 무죄한 처자에게 무한한 해독을 끼치어 가련한 어린 아이는 부모의 죄악으로 세상에 나면서 흉악한 병에 걸리는 것이며 임질은 매독같이 혹독하지는 아니하나 남자의 임질이 부인에게 옮으면 자궁병이 되어 생산하는 아이는 눈이 멀고 자기도 눈이 멀기 쉬우며 한번 들기만 하면 고칠 수도 없는 병이라.

–「청년남녀의 위기」, 『동아일보』, 1921년 5월 15일

당시 조선에서 성병은 민족적 질병으로 의미화되었다. ‘화류병’은 가정과 사회를 망치는 범죄라는 이유로 단속되고 징벌되

었다. 화류계 여성들과 미혼 남성에게 성병 감염은 개인의 성적 문란과 부도덕성을 뜻했지만, 기혼 남녀 특히 부녀자에게 성병 감염은 가정과 사회, 민족과 국가의 문제로 확대되어 심각한 사회적 죄악으로 간주되었다. 성병 치료에 관한 담론은 대부분 가정의학과 위생과학의 관점에서 생산되었는데, 이들 담론은 부녀자와 성병을 결합시키며 성병을 단산과 불임의 원인으로만 조명하였다. 부녀자가 성병에 걸리면 자손을 낳지 못해 가정이 파괴되고 이는 민족과 국가의 부강에 큰 걸림돌이 된다는 것이 주요 논리였다. 성병은 개인의 건강이라는 시각에서는 논의되지 않았다. 성병은 오로지 개인의 도덕적 성품 또는 생식과 사회보건의 문제로 이해되었다.

'화류병'은 또한 '문명병'

성병은 결핵, 기생충과 함께 민족의 3대 질병으로 꼽혔다. 민족의 건강과 가정을 위협하는 성병은 척결되어야 할 사회적 악이자 문화의 어두운 그늘이었다. 일제의 강압적인 정책에 의해 추진되었지만 식민지 시대에 줄곧 지속되었던 성병 검사와 성병 확산을 막기 위한 법령들, 더불어 민족과 국가의 부강을 위해 각종 지식으로 무장한 성병 예방과 치료에 관한 의학과 위생 담론들이 쏟아져 나온 것은 사회적 악이자 문화의 그늘을 제거하려는 대대적인 노력이었다.

그런데 역설적인 것은 이러한 민족적·국가적 차원의 척결 운동과 정책들이 결과적으론 성병의 확산을 막기는커녕 도리어 성병을 만연시킨 직접적인 요인이 되었다는 사실이다. 일제는 주기적으로 화류병과 전염병 예방에 대한 좌담회를 개최하고 일본인 및 조선인 창기에 대한 성병 검사를 정례화하면서 성병 확산을 막고자 했지만, 오히려 이러한 건강 검진 후 성병은 오히려 확산되었다고 한다. 성병 검사가 매매춘 여성의 건강을 위한 것이 아니라 남성 손님의 안전을 보장함으로써 공창제를 존속시키려는 데 목적이 있었기 때문에, 그 실제적 효과도 성병 확산에 따른 사회적 공포감을 진정시키는 수준에 불과했다.

성병을 예방하고 근절하려는 위생 담론과 사회적 공론 역시 근본적으로 일제의 공창제의 이중적 기능과 크게 다를 바 없었다. 공중위생과 사회 보건을 정화하기 위한 각종 지식과 정보들의 계몽적 전파는 부녀자들을 수신자로 하였는데, 이때 부녀자들은 인구의 재생산 능력을 좌우하는 가정의 중심적 일원으로 호명된다. 여성 그 자체가 아니라 민족의 구성원으로서만 의미를 지니는 것이다.

한편 매매춘 여성들은 성병 확산의 가해자이자 피해자로

재현된다. 앞서 글머리에서 보았듯 성병 약 광고에 주로 등장하는 것은 남성이 아니라 여성이다. 성병 약을 복용하여 치료를 받아야 할 대상은 여성이라는 메시지를 암암리에 전제하는 것이다.

약천당의 임질약 '락구링' 광고, 『조광』, 1938년 7월호

여성이 정숙한 부녀자와 문란한 여성의 이미지 외에 성적 쾌락의 유혹자로 등장하는 경우도 있다. 대개 그러한 역할은 신여성이 맡는다. 위의 그림에 등장하는 여성의 이미지에 주목하자. 임질 약을 건네는 여성은 세련된 단발머리를 하고 있는 것으로

보아 신여성이 틀림없다. 단순화된 캐리커처이지만 교태로운 검은 손짓과 입술만 그려놓은 모습은 전형적인 이성을 유혹하는 모습이다. "춘절은 임질도 싹튼다"라는 광고 문구에서 보듯, 이 광고는 성병에 대한 공포를 극대화하기보다는 임질 따위는 '약천당'의 '락구링'을 복용하면 씻은 듯이 치료되니 성병 감염을 걱정하지 말고 마음껏 성을 즐기라는 긍정적인 메시지를 전달하고 있다.

화류병은 사회악이기도 했지만, '문명병' 또는 '문화병'으로도 불렸다. 이러한 명명은 성병이 도시에서의 복잡한 삶과 환경에 의해 생겨나고 확산되었다는 인식을 내포하고 있다. 성병은 문명 발달과 현대적 문화생활의 필수적인 부산물이어서 완전히 근절한다는 것 자체가 어려웠다. 이런 생각의 연장선에서 성병 감염을 심각하게 받아들이지 않고 의학과 과학의 힘을 빌려 치료하면 그만이라는 낙관적인 태도가 생겨났다. 나아가 성병을 앓는 것 자체가 문명인 또는 문화인이라는 훈장처럼 비춰지기도 했다. 그래서 당시 사람들은 문화인이라면 고작 임질이나 매독이 두려워 성적 쾌락을 향유하는 자유를 포기할 수 없다고 생각했다. 성병이야 '살바르산', '베르쓰환', '아지아환', '명지모', '임질구로벨', '은계랍', '네오스피로진', '푸로다', '네오지린', '아우토린', '리베루', '세파지루', 'GU사이드', '겐-고루' 등 성병 약을 먹으면 말끔하게 치유되니 질병이 두려워 성생활을 포기할 이유가 없었다. 성병은 문명이 낳은 질병이지만, 문명의 힘은 그 자신보다 더 강하고 또 강해야 했다.

사이비 과학의 실험실, 성병

'푸로다' 매독약 광고

문명의 힘이 문명이 낳은 질병보다 더 강하다는 사실을 보여주기 위해 첨단 과학 이론이 동원되기도 했다. 위의 '푸로다'라는 매독약 광고를 보자. 제조업체는 신성당. 『동아일보』 1935년 7월 17일자에 실린 대문짝만한 전면광고다.

보시다시피 이 광고에도 '코 없는 여자' 사진이 실렸다. 이쯤 되면 '여성 코 수난사'라고 불러야 할 듯싶다. 그런데 이 광고에는 '코 없는 여자'보다 눈에 띄는 게 하나 더 있다. "신성당의 약효력은 유선형 초스피-드 비행기 동양"이라는 문구다. 이 문구는 다름 아닌 암호문이다, 라는 건 농담이고 제품의 효력에 대한 '과학적(?)' 설명이다. 더 들어보자. "이 뜻을 모르면 무식자다 락오자다 현대는 경쟁시대다 스피~드 시대다 유선형 시대다."

대체 이 괴상한 카피는 무슨 뜻일까? 성병 치료제에 스피드는 무슨 말이고, 유선형은 또 웬 말일까? 일단 '유선형'이라는 표현의 출처는 그림에서 짐작할 수 있듯이 비행기다. 최첨단의 교통수단인 비행기에 대한 관심이 늘어나면서 비행기처럼 유선형의 기체가 속도를 향상시킬 수 있다는 것이 당시 널리 알려진 과학적 상식이었다. 신성당은 이 유선형의 원리를 매독 치료제에 응용한 것이다. 상식이 있는 현대인이라면 화학에 기반을 둔 약 제조에 물리학의 원리가 왜 필요한지 의문을 가질 것이다. 광고의 그림 설명을 언뜻 보면 뭔가 과학적인 지식으로 그럴듯한 설명을 하고 있는 것처럼 보인다. 그러나 내용을 살펴보면 '푸로다'가 매독균을 사각형에서 원형으로 다시 유선형으로 변형시켜서 몸 밖으로 빠르게 배출시키는 데 도움을 준다고 설명한다. 어떻게 반박하기가 난감할 정도로 괴상한 논리다. 그러나 당시에는 이와 같은 과학적인(?) 광고가 대중들에게는 속된 말로 '먹혀'들었다. 물론 우리 선조들이 우매하게도 저런 사실을 정말로 믿지는 않았을 것이다(미안하지만 장담은 못하겠다). 다만 그들이 믿은 것은 과학이 아니라 소비할 수 있는 성의 자유였다.

성병도 병이다

당시 조선은 '성병사회'였다. 한반도 전체에 매독균과 임질균이 득실거리는 탁류가 흘렀다. 어찌 보면 이만큼 문란하고 부도덕한 사회도 없었다. 성적 타락과 방종을 막으려는 노력들은 미흡했고 오히려 역효과를 일으켰다. 조선총독부는 성병 확산을 막으려고 했지만, 체계적이고 효율적인 건강 검진이라는 명분으로 시행한 공창제는 성병 창궐의 온상이 되었다. 성병 검사는 매매춘 여성만을 대상으로 실시되었을 뿐만 아니라 비인간적이고 강압적이었다. 애초부터 조선총독부는 일본 군대의 위안을 위한 창기들의 체계적인 공급과 관리를 목적으로 공창제를 운영했고 조선인 창기들은 이러한 일제 식민 정책에 의해 이중적 차별을 받았다. 어디에도 매매춘 여성들의 인권은 없었다.

성병이 확산되는 만큼 성병 예방과 치료에 대한 사회문화적 관심도 들끓었다. 의학적 지식과 과학적 근거로 무장한 위생 담론들이 매일같이 신문과 잡지의 지면을 차지했다. 그러나 그러한 담론들에서도 고통 받는 성병 환자의 인권을 찾아보기 어려웠다. 성병을 반드시 치료해야 하는 것은 환자가 고통 받기 때문이 아니라 민족의 부강에 잠재적 결손이 되기 때문이며, 성병이 위험한 이유는 한 개인의 육체를 갉아먹고 생명을 파괴하기 때문이 아니라 자식을 낳지 못하고 그로 인해 민족의 장래에 어두운 그림자를 드리우기 때문이다. 이런 사정으로 성병 예방과 치료에 관한 계몽적 교육담론은 부녀자들에게만 집중되었다. 고통 받는 여성의 얼굴은 여기서도 찾아볼 수 없었다.

성병 예방과 치료가 민족적 과제로 부상하면서 덩달아 성병 약을 홍보하는 광고가 폭발적으로 증가했다. 성병 약 광고의 주인공도 여성이었다. 성병 약 광고에 등장하는 여성의 이미지는 성적 타락의 부도덕성과 동일시되거나 남성 소비자를 유혹하는 수단으로 상품화되었다. 여성은 도덕과 소비 사이에 갇혀 성병의 고통을 고스란히 감내해야만 했다.

성병에 관한 사회적, 문화적, 민족적 관심이 늘어나고 다양한 성병 약들이 등장했지만 정작 성병 환자들은 소외되었다. 성병은 득실거렸지만, 성병 환자에 대한 관심과 돌봄은 찾아보기 어려웠다. 이렇게 된 사정에는 무엇보다 성병이 일제의 식민지배와 민족의 장래 그리고 시장의 이익이 교차하는 문제의 중심에 놓여 있었기 때문이다. 성병 환자는 이중적 차별을 받는 피식민자이고 민족의 역량을 저해하는 암세포이자 시장경제를 활성화시키는 신상품에 불과했다. 그래서 일제강점기에 활동한 의학박사 정근양은 「성병과 결혼」(『여성』, 1939년 10월호)에서 다음과 같이 말했다.

> 성병도 병임에는 마찬가지다. 병에 걸리면 그것을 완전히 고치기만 하면 그만이다. 그 병에 걸린 것이 부끄러운 것은 아니다. 다만 걸릴 만한 행위를 했다는 것만이 부끄러울 것이다.

정근양의 말이 옳다. '성병도 병'이다. 성병에 감염된 것이 부끄러운 일도 아니다. 성병은 도덕, 문명, 민족, 국가의 범주로 환원되지 않는 질병의 한 가지일 뿐이다. 그러나 성병이 욕망과 의미, 가치와 이념의 그물망을 떠나서 존재할 수 없는 것도 마찬가지다. 정근양은 성병을 윤리의 틀에서 벗어나게끔 만들려고 했지만 그것은 성병을 자연화하는 것이 아니라 병에 걸릴 것을 부끄러워하지 말고 즐기라는 성적 주체를 호명하기 위함이다. 정근양의 말이 맞다. 그러나 한 마디를 더 보태야 한다. 성병도 병이다. 그러니까 아픈 것이다.

時計

조선 풍속기, 둘

놀이의 이중성

어린이, 놀이의 주체가 되다

김영순

“놀이는 태초부터 있었다.”라고 하면 너무 과장된 표현일까? 『중세의 가을』(1919)이라는 저서에서 시대적 특성과 인간의 특질에 대해 실증 자료를 통해 치밀하게 고찰한 네덜란드의 역사학자 요한 호이징가는 그의 또 다른 저서 『호모 루덴스』(1938)에서 놀이에 대해 탐구한다. 호이징가는 『호모 루덴스』에서 놀이는 문화보다도 역사가 길고 동물들의 생활 속에서 놀이의 모든 기본 특색을 찾을 수 있으며 인간이 노는 것을 가르치기 이전부터 동물들은 노는 것을 알고 있다고 말한다.

성병희가 쓴 「민속놀이의 특성과 연구사」(1996)를 보면 우리말의 ‘놀이’는 종교와 신앙, 의례, 굿 등과 깊은 관계가 있으며, 놀이라는 말 속에는 순수한 유희로써의 의미와 더불어 창을 하며 노래하고 연주하는 것, 노리개나 장난감을 가지고 노는 것, 놀리거나 조소 및 도박이나 노름을 즐기는 것까지도 포함된다고 말한다. 그러면서 ‘민속학, 민족학, 문화인류학, 심리학, 철학, 사회학, 문화학, 정신의학, 체육학, 역사학 등 다양한 분야’에서

놀이에 대한 관심을 기울여 왔다고 한다.

여기서 잠깐 '이야기'를 통해 비유해볼까? 잘 알다시피 이야기는 '인간' 모두를 위한 것이었다. 그러한 이야기가 '옛이야기'나 '옛날이야기', '동화'라는 용어와 더불어 아이들을 위한 이야기로 무게 중심이 기울어진 시기는 근대이다. 이러한 흐름과 같이 놀이 또한 애초에는 인간 모두를 위한 것이었다. 하지만 현재적 관점에서 '놀이'하면 왠지 아이들을 먼저 떠올리게 되는 것은 어찌된 일일까? 놀이 또한 그 무게 중심이 아이들 쪽으로 기울게 된 것은 역시 근대가 아닐까? 근대에 들어서 이야기와 놀이가 당시의 새로운 주체로 떠오른 아이들을 만나 그들을 위한 '즐거움'의 요소로 작용한 것은 아닐는지.

이 글은 근대 아동문예잡지 속에 게재된 글과 동요, 그림을 통해 '놀이'와 '어린이'에 대해 탐색해 보려는 이야기이다. 특히 이 시기 문사들이 쓴 수필 형식의 글들은 비교적 짧은 글들이지만 그들이 어렸을 때 즐겼던 여러 놀이 모습이 담겨져 있어 당시 아이들이 놀던 모습들을 볼 수 있다.

제의祭儀, 아이들의 놀이 세계로 내려오다

호이징가는 고대 사회에 행해졌던 제의나 신력, 제물, 신비까지도 놀이 속에서 완성시키고 있다고 하며 고대 사회의 종교

의식에서의 '놀이'에는, "질서, 긴장, 운동, 축제 기분 그리고 감동으로 가득차 있"다고 말한다. 이처럼 원시사회나 고대 사회에서 신이나 우주, 또는 조상들을 향한 '종교 의식'은 공동체 사회 커다란 행사이자 놀이였던 것이다. 이러한 경건한 의식으로서의 놀이 정신의 발아를 아래 1929년 『어린이』에 실린 글에서 찾아볼 수 있다.

> 가을에는 무엇보다도 제일 좋은 것이 달밝은 것입니다. 일년 중에 가을달처럼 맑고 서늘한 달은 다시 없습니다. 음력으로 구월 보름께쯤 저녁을 일찍 먹고 나서 자기 집에 있는 과실을 밤이든지 배든지 포도든지 감이든지 조금만 싸가지고 약속한 시간에 뒷동산이나 앞들이나 모이자고 한 곳으로 모입니다.
> 물론 그 자리는 단풍나무에 에워싸였거나 그렇지 않으면 다른 무엇에 에워싸인 조그마한 편편한 마당입니다.(아무 곳이고 집에 가까운 곳은 재미없습니다). 그 조그만 마당에 미리 준비하야 손바닥만하게 좁다랗고 손으로 두 뼘만하게 길쭘하게 종이를 오려서 그 종이에 울긋불긋하게 물감칠(잉크칠을 조곰씩 하여도 좋습니다)을 하고 그 위에 먹으로 "가을놀이" "달맞이" 혹은 "달과

같이 둥글게"라 하든지 혹은 "달과 같이 맑게"라 하든지 자기 마음에 좋다고 생각하는 글귀를 씁니다. 그렇게 한 사람이 석 장 혹 다섯 장씩 써서 종이 끝에 실을 꾀여서 나뭇가지에 드문드문 매여답니다. 그러면 그것들이 바람에 불어서 나뭇가지 사이에서 펄펄 날리는 것이 퍽 흥취있습니다.

그렇게 해놓고 앉아서 아무 이야기나 하고 놀다가 동편 산머리에 달이 오르기 시작할 때 모다 일어서서 달을 향하고 서서 창가(여럿이 모두 아는 것)를 합창합니다. 그러면 처음 오르기 시작하는 달빛이 합창하는 사람들의 얼굴에 환하게 비추어옵니다. 이 합창으로 달맞이는 개회된 것입니다.

– 三山人, 「재미있고 유익한 가을놀이 몇 가지」, 『어린이』, 1929년 10월 20일

이 글을 보면 아이들이 달을 경건한 의식을 치르듯 맞이하고 있음을 알 수 있다. 또는 달맞이 의식이나 제의를 치르고 있다고도 볼 수 있고 '자연'이나 우주적인 '현상' 과의 감응이라고도 말할 수 있다. 분석심리학자 칼 구스타브 융이 『인간과 무의식의 상징』에서 고대의 민속이 아직도 어린이들의 '의식' 신앙에 존재

한다고 말하고 있는 것처럼, 원시사회에서의 제의가 아이들 놀이 속에 전승되고 있는 것이다.

특히 달맞이할 장소를 고를 때 "아무 곳이고 집에 가까운 곳은 재미없습니다."라는 대목처럼 마을과 어른들의 품을 잠시 떠나 가득 차오른 달을 맞이하는 아이들의 노는 모습 속에서 원시적인 신비체험이 근대에도 살아있음을 살펴볼 수 있다.

'복날' 아이들에게 놀이의 즐거움을 주다

설날과 윷놀이, 대보름과 쥐불놀이, 단오명절과 그네타기, 추석과 달맞이놀이, 중양절과 단풍놀이 등 세시풍속이라는 맥락에서 명절과 놀이는 떼려야 뗄 수 없는 짝을 이룬다. 민속놀이와 세시풍속의 관계에 대해 이야기한 다음 글을 한번 보고 가자.

> 세시풍속과 민속놀이는 밀접하게 연관되어 있다. 자연이 절기의 변화에 순응하여 모습을 달리하듯이 사람들은 옷을 갈아입고, 생활양식도 이에 맞추어 바꾸어 나가고 있다. 놀이도 그 예외가 아니다. 아니 놀이야말로 철바뀜과 공감대를 가지는 가장 재미있고 뜻 깊은 삶의 양식이다. 철따라 행하는 놀이를 통하여 진정으로 그 철을

살게 되는 것이다. 그런 의미에서 철따라 행하는 세시 민속놀이는 묵은 철을 보내고 새로 맞는 철의 뜻을 확인하는 제의적 의미도 내재해 있다. 이러한 세시풍속과 놀이를 함께 살피는 것은 매우 자연스런 일이다.

– 홍순석, 『이천사람들의 삶과 놀이』, 2004년

1924년 『어린이』에 실린, 「어렸을 때의 여름에 제일 재미있던 기억」이란 글 속에는 ‘복날’에 관한 글이 들어 있다. 이 글은 당시 잡지에 글이 실린 1924년에 글쓴이가 어린 시절을 추억한 글이니 실제로 글쓴이가 말하고 있는 이야기 속 시간은 아마 1910년 전후라 할 수 있을 것이다. 이 글을 가만히 읽어 보면 생활 속에서 풍습을 즐겼던 근대인의 모습과 더불어 아이가 친구와 함께 복날을 즐기는 모습을 통해 제철마다 오는 세시풍속을 아이들도 특별하게 여기고, 적극적으로 즐기고 있음을 알 수 있다.

우리 어리여서는 학교라는 것은 없었습니다. 가뜩이나 서울서 나고 서울서 살아서 무슨 재미진 것이나 유쾌한 것이 별로 없었습니다. 그뿐만 아니라 서당에를 다니었으니 여름에라도 방학이라는 것은 없었습니다. 그러나

> 복날伏日이라는 우리의 기쁘고 재미있게 노는 날이 있어서 그날은 동무들과 같이 산에 가서 약물도 먹고 냄비를 가지고 가서 밥을 지어 먹고 놀았습니다. 여름철 중에 복날처럼 기쁜 날은 없었습니다.
>
> – 김원영, 「복날 밥 지어 먹기」, 『어린이』, 1924년 8월 1일

지금 복날 시기를 한번 떠올려 보자. 7월과 8월 사이에 초복, 중복, 말복 세 번이나 찾아오는 '삼복더위'는 그 타는 듯한 열기로 인해 아무것도 하지 않아도 우리를 녹초로 만든다. 이런 더위를 조금이나마 물리치고 기력을 보충하기 위해, 지금도 복날이 되면 보양 음식을 파는 집이 문전성시를 이루듯 우리 조상들 역시 개장국과 같은 보양 음식을 먹었다.

앞에서 잠깐 인용한 책에서 홍순석은 벼 줄기마다 마디가 셋 있는데 복날마다 하나씩 생기며 한 살씩 나이를 먹는다고 소개한다. 바로 위에 인용한 글을 보면 '복날'에 아이들이 산에 가서 밥을 지어먹고 여름을 지내는 모습이 마치 벼가 영글어 가는 것처럼 복날 더위를 이겨내며 자라는 아이들 성장과 접목된다.

자연과 함께라면 혼자 놀아도 혼자가 아니다

산이나 숲 속에서 친구들과 함께 노는 것만큼 큰 즐거움이 없겠지만, 산이나 숲은 때때로 그 존재 자체로 아이들의 놀이 대상이 되어 주기도 한다. 여기서는 『어린이』와 더불어 '자연과 어린이'라고 하는 보편적인 고찰을 위해 일본의 문예잡지 『童話』에 소개된 글을 통해 숲 속에서 혼자 노는 아이의 모습을 따라가 보자.

> 어린이 때 재미있고 유쾌한 것은 여러 가지가 있으나 내가 제일 좋아하고 재미있는 것은 냇물에서 고기 잡기와 산에 올라가 숲林속에서 혼자 앉아있는 것이었습니다. 그중에도 산에 가기를 좋아하였습니다. 들野에 있는 숲보담도 산에 있는 숲이 퍽 좋았습니다.
>
> 혼자서 가만히 앉았으면 바람이 불어올 때마다 이파리가 흔들리며 이파리가 흔들리는 소리, 산에 있는 가지각색 새소리가 들립니다. 또 멀리서 들리는 음악音樂 같았습니다. 이럴 때마다 맘 속은 무엇이라고 말할 수 없이 기뻤습니다.
>
> – 이돈화, 「나무 숲 속에」, 『어린이』, 1924년 8월 1일

바깥에서 논다고 하면 으레 여럿이 함께 왁자지껄 뛰노는 것을 떠올리지 않을까 싶다. 하지만 앞에서 인용한 「나무 숲 속에」를 보면, 자연 그 자체가 아이들에게 친구가 되어 주며, 여러 발견과 놀라움을 선사하고 있음을 알 수 있다. 아이들은 이런 놀이를 통해 자연스럽게 '상상력'과 '감성'을 표출하고 있는 듯이 보인다. 이어서 일본 아이가 들려주는 혼자 놀이의 세계로 계속 가보자.

> 내가 태어난 집 뒷 문 삼나무 숲 속에 외나무 다리가 있었습니다. 덜덜 떨면서 흔들거리는 외나무 다리를 건너는 것이 어렸을 때의 즐거움 중 하나였습니다. 대야 배를 타고 출렁출렁거리며 이 다리 밑을 지난 적도 있습니다. 물총새가 종종 이 다리에 멈춰서 물 속의 송사리를 들여다보고 있었습니다. 고양이가 때때로 이 다리 위에서 가만히 뭔가를 노리고 있던 적도 있었습니다. 그것은 보통 낮잠자는 시간의 조용한 오후였습니다.
>
> – 川上四郎, 「뒷문 외나무다리裏の一本橋」, 『童話』, 1922년 5월 1일

위 글 속에서의 소년은 집근처 숲 속 강 위에 놓여진 외나무

다리를 건너며 혼자하는 놀이를 통해 모험, 두려움의 극복, 즐거움을 만끽하고 있다. 특히 소년이 주시하고 있는 물총새와 송사리의 상황, 뭔가를 노리고 있는 고양이의 모습에서는 자연계에 흐르는 팽팽한 긴장감마저 목격할 수 있다.

먹이사슬이 살아있는 자연계, 그중에서도 숲이나 산 속은 인간이 일상생활을 하는 영역에서 벗어나 있어, 아이가 혼자 들어설 경우 경외감과 함께 그 알 수 없음으로 인해 두려움을 불러일으킨다. 하지만 그런 한편으론 벌레나 새들과 동물, 풀이나 꽃, 나무 열매 등 무궁무진한 놀이 대상이 존재한다. 거기다 나무들을 춤추게 하는 바람의 강도나, 햇살의 빛과 어둠이 일으키는 숲의 변화, 석양빛이 자아내는 빛깔의 오묘함은 일상을 압도하는 신비 체험으로 가득 차 있다. 이러한 자연계 속이라면 혼자라도 혼자가 아닌 것이다.

바깥세상 아이들의 놀이터가 되다

자연계 속에서 노는 놀이라면 물론 집 뜰, 마당, 마을 공터나 길거리 등 그 장소는 무궁무진하다. 아래 「빨래터에 가던 일」이라는 글을 따라가 보자.

개성 송악산 밑에는 정자나무가 우거진 가운데로 옥같

은 물이 폭포되어 떨어지는 '물놀이터'가 많습니다. 여름이 되면 집안 식구들이 빨래를 가지고 그곳으로 가서 종일 씻기도 하고 또 하룻동안 재미있게 지내는 일이 많습니다. 나는 학교가 방학만 될 때이면 의연히 빨래하러 가는 일행을 따라갑니다. 그래서 새옹에 깨끗하게 지여 주는 밥을 맛있게 먹고 나서는 폭포나리 질리는 밑에 가서 추워서 흑흑 느껴가면서도 폭포를 맞고 혹은 바위 틈에 숨은 가재도 잡고 놀았습니다. 아무래도 여름놀이로는 제일 재미있었던 것이었습니다.

– 고한승, 「빨래터에 가던 일」, 『어린이』, 1924년 8월 1일

마을 근처에 있는 자연 속의 폭포수가 어른들한테는 '빨래터'가 되고, 아이들한테는 '물놀이터'가 되고 있음을 알 수 있다. "추워서 흑흑 느껴가면서도 폭포를 맞고 혹은 바위 틈에 숨은 가재도 잡고 놀"았다는 부분은 자연 그 자체가 뿜어내는 에너지를 온 몸으로 받아들이고, 자신들의 에너지 또한 발산하며 흥겨워하는 아이의 모습이 느껴지는 대목이라 할 수 있다. 즉 바깥에서 하는 놀이가 아이들에게 해방감을 선사하고 있는 것이다. 특히 이들은 서로 어울려 폭포 근처에서 밥도 지어먹고, 빨래도 하고, 여러 가지 놀이도 하면서 여름철을 보낸다. 밖에서 하루 종일 놀

다보면 음식을 함께 먹는 재미 또한 빠뜨릴 수 없다. 특히나 가족이나 이웃, 친구들과 함께 바깥에서 밥해 먹는 기쁨은 역시 각별하다.

어찌 보면 공동체가 작동하고 자연 놀이터가 남아있는 바깥에서의 놀이는 그 자체로 근대를 상징하고 있다고도 볼 수 있다. 이는 또한 역으로 말하면 근대시기에 재발견된 '어린이'라는 주체는 그때까지만 해도 집안이나 방안에 그들만의 고유의 공간이 부재했음을 말하고 있는지도 모른다. 즉 방안에서의 놀거리의 부재가 근대시기의 아이들을 바깥으로 향하게 하였고, 근대시기의 자연은 그들의 에너지를 수용할 여유 또한 가지고 있음을 알 수 있다.

바깥의 살아있는 자연은 글공부마저 공부가 아닌 놀이로 승화시켜 준다.

> 나는 나기는 경성에서 났으나 자라기는 충청도 충주에서 자랐습니다. 그때에 우리집 뒷동산에는 보기좋은 노송老松나무가 있었는데 지금도 제일 잊어지지 않고 정다운 친구처럼 생각나는 것은 그 노송나무입니다. (…) 나는 나와 친한 동무들을 모아가지고 그 노송나무 밑에 돗자리를 피고 앉아서 당음唐音읽기, 글짓기로 노는 것이

> 제일 재미있었습니다. 그러면 아무리 더운 때라도 노송 나무는 흔들흔들하면서 서늘한 바람을 내어주었습니다. 그것이 제일 기뻤습니다.
>
> – 조동식, 「노송나무 밑에서」, 『어린이』, 1924년 8월 1일

나무 아래서 낭송을 하며 친구와 어울려 노는 모습이 실린 글이다. 이처럼 나무는 그네를 매달 수 있는 장소가 되어주기도 하고, 오를 수도 있고, 잎사귀로 놀 수도 있는 등 「노송나무 밑에서」의 '보기 좋은 노송 나무'일 경우에는 그야말로 무한한 놀이터를 아이들에게 제공해 주고 있는 셈이다.

노래, 동요라는 새옷을 입고 아이들 놀이 속으로 들어오다

원래 놀이 속에는 많은 노래가 함께 했다. 예를 들면 고무줄 놀이에는 그에 맞는 노래가 짝을 이루었다. 심지어는 숨바꼭질 할 때도 노래로 그 시작을 알리지 않는가. 민요나 전래동요 속에서도 어떤 특정 놀이를 노래로 부른 것을 목격할 수 있다. 동요에도 「그네타기」나 「까막잡기」 등과 같이 놀이 그 자체를 동요로 노래한 것이 꽤 된다. 이러한 놀이 속에서나 일상의 삶 속에서 노래로 불리며 구전되던 전래동요가 문자로 기록되어, 아이들을 위한 노래하는 예술로 새옷을 갈아입은 것을 '동요'로 볼

수 있다.

어찌보면 근대의 큰 특징 중 하나가 아이들을 위한 노래 '동요'의 탄생이 아닐까 싶다. 일본에서는 1910년대 후반에서 1920년대 중후반까지 동요가 절정을 달렸는데, 여기에는 예술성을 살린 전문 아동 문예잡지라는 매체의 힘이 컸다. 이러한 아동을 대상으로 한 잡지의 발간은 우리나라에서도 동시대적으로 일어난 현상이었다. 『새동무』(1920), 『어린이』(1923), 『샛별』(1923), 『신소년』(1923), 『아이생활』(1926), 『별나라』(1926) 등 1920년대에 발간된 잡지를 대충 훑어보더라도 수십 종이나 된다. 이러한 안팎의 흐름 속에서 1920년대의 한국에서도 동요는 황금시

동요 속에 묘사된 아이들의 그네 타는 모습(『童話』)

기였다.

앞의 그림은 일본의 『동화童話』(1920. 9)잡지에 실린 동요인 「그네타기ぶらんこ」로, "그네, 그네/그네를 타자/배보다도 가볍고/새처럼 높게/그네, 그네~"로 시작하는 풍경이다. 두 개의 긴 그네를 매단 거목 아래에서 일본 전통 의상인 기모노를 입은 아이, 세일러복을 입은 아이, 양장을 입은 아이가 어울려 놀고 있다. 마치 한 장의 시화집 속 그림같다.

동요「서릿발」(『金の星』)

위의 그림은 일본의 또 다른 문예잡지 『금성金の星』에 실렸던 일본의 동요 시인 노구치 우죠의 동요 「서릿발」이다.

덥썩 덥썩/밟았다/밟았다/서릿발

참새도/밟게 해서/놀게 하자

밟았다/밟았다/덥썩/덥썩/서릿발

참새도/밟으며 밟으며/논다

—『金の星』, 1923년 2월 1일

서릿발이 깔린 들에서 아이와 참새가 어울려 놀고 있는 모습을 노래한 동요로, 아이와 참새가 자연 속에서 동화되어 함께한다. 서릿발마저도 아이들에게 놀이감이 되는 상황으로 움푹 파이도록 인정사정없이 덥썩덥썩 밟고 있는 모습이 인상적이다. 즉 아이들은 그 내재한 에너지를 자연이 만들어준 놀이터 속에서 스스럼없이 발산하고 있는 것이다.

다음 그림은 『어린이』에 실린 동요 두 편이다.

동요 「범나비」와 「봄맞이」(『어린이』)

한정동이 쓴 「범나비」와 류도순이 쓴 「봄맞이」이다. 먼저 「범나비」를 읽어본다.

나비나비 범나비/너 어디가니
뒷마을은 아직도/ 춥다드라야.
나비나비 범나비/이리 오너라
우리밭엔 장배기/잔뜩 폈단다.
장배기 꽃밭에서/춤추며 놀자
춤추다 싫거들랑/ 앉아서 놀자.
– 『어린이』, 1930년 4월 20일

우리들은 놀러 갈 때 친구 이름을 부르며 "누구누구야 놀자" 하고 외친다. 근대시기 아이들이 자연을 친구로 놀이를 즐겼음을 지금까지 몇 가지 에피소드를 통해 소개했지만, 이 동요에서는 '범나비'마저도 친구가 되고 있다. 동요의 화자는 무꽃이 핀 밭에서 범나비를 벗삼아 춤도 추고, 앉기도 하면서 함께 놀고 있는 것이다. 계속해서 「봄맞이」를 읽어본다.

산에 들에/봄맞이/잔채놀이라
빨간꽃과/ 파란잎/한아름따서

각시한쌍/맨들어/시집보내면
종달새도/봄이라/노래부르네.
강에내에/봄맞이/잔채놀이라
버들개지/물우에/띄워놓고서
손뼉치며/니나나/피리불면은
고기들도/봄이라/꼬리를치네.
–『어린이』, 1930년 4월 20일

자연을 벗삼아 놀 수 있는 놀이들이 소개되어 있다. 꽃인형 만들기, 버들가지 띄우기, 피리불기, 풀제기 차기 등. 아이에게 그럴 맘만 있으면 자연 속에 있는 모든 것이 놀이감이 되고, 즐거우니, 노래가 절로 나오는 것이다.

겨울 놀이를 즐기는 근대 아이들 그림으로 만나다

마지막으로 다음 그림은 『어린이』(1933. 2)에 그려진 겨울철 놀이 풍경이다. 한복을 입은 남자아이들이 얼음판 위에서 팽이치기와 연날리기를 하고 있다. 두루마기를 입은 아이도 있지만 까까머리에 비교적 가벼운 옷차림이다.

겨울철 아이들의 노는 모습(『어린이』)

한복 차림으로 연날리기와 팽이치기를 하고 있으니 어쩌면 설이나 대보름 때의 모습일 수도 있겠다. 위 그림의 오른쪽에서 세 번째 반바지 차림에 털옷을 입고 목도리를 두르고 모자를 쓴 채 방패연을 들고 서있는 어린 소년을 빼고는 모두가 한복을 입고 있다. 우리 일상 안으로 새로 수용된 의복 모습과 우리의 전통 한복 모습이 그려진 위 그림은 이 자체로 근대의 한 모습을 보여준다. 게다가 추운 겨울날이기도 하여, 그림 속에 그려진 아이들은 모두 남자 아이들이다. 구경하는 여자 아이 한 명이라도 그려졌을 법한데, 아주 정직하게 남자 아이들만 그려져 있는 것이 이 또한 우리 근대의 한 모습을 나타내고 있는 것만 같다.

심우성의 『우리나라 민속놀이』란 책을 보면, 대보름날에 자신이나 가족의 나쁜 운수인 '액'을 연에 띄워 연줄을 끊어 날려 보냈던 우리 풍속에서의 연날리기는 조선 후기 무렵만 해도 왕부터 아이들에 이르기까지 신분이나 연령에 상관없이 모든 사람들이 즐기던 놀이었다고 한다. 그림 속에 그려진 연은 우리 일상 속에서 흔히 즐겼던 방패연과 가오리연이다. 조완묵의 『우리민족의 놀이문화』란 책을 보면, 우리나라에서 가오리연은 주로 어린이들이 날렸던 연이라고 한다. 우리의 풍속 안에서 어른아이 할 것 없이 즐겼던 연날리기가 '아이들'에게 초점을 맞추고, '가오리연'이 그려진 것은 이 역시 우리의 근대를 상징한다고 볼 수 있지 않겠는가.

또한 이러한 연날리기에서 빠뜨릴 수 없는 것이 '바람'이지 않겠는가! 찬바람 속에서 전통 복장을 하고 놀이를 즐기고 있는 근대 남아男兒의 모습이 인상적이기까지 하다.

추운 겨울조차 얇은 옷만 걸친 채 밖으로 나가 노는 근대 어린이들의 거침과 여름 숲 속에서 혼자 바람 소리를 느끼고 동물과 교감하는 섬세한 감성이, 근대 아이들의 놀이 속에 공존하고 있다.

현대 일본 젊은이들의 특징을 가리키는 용어 중에 '히키코모리引きこもり'라는 말이 있다. 바깥세상과의 관계 형성이나 어울림, 소통 보다는 집 안, 자신의 방 안에서의 생활을 선호하는 것을 의미한다. 여기에는 일상생활을 향유 가능한 의식주의 해결, 각양각색의 인간관계로부터의 도피, 방 안에서 즐길 수 있는 게임기나 텔레비전과 컴퓨터 및 다양한 서적 등의 존재도 들 수 있을

것 같다. 즉 현대에는 방 안에서 즐길 수 있는 놀잇감이 무궁무진하다고 말할 수도 있지 않을까 싶다. 지금 우리들은 방 안에서 바깥세상과의 소통을 시도하는 시대에 살고 있는 것이다. 어떤 면에서 이는 현대인들의 경향을 말해주고 있는 지도 모른다.

근대의 아이들은 가족이나 이웃과 함께, 때로는 친구와 어울려 놀거나, 때로는 혼자 놀기를 통해 내면에 내재된 에너지를 표출하고, 발견을 놀이로 승화시키는 여유를 보여주고 있는 듯하다. 이때의 '놀이'는 자연과의 친화와 감응, 그로인한 발산이 아니었을까 싶다. 또한 아이들은 놀이를 통해 원시적인 제의 의식을 재현하고, 신비 체험을 통해 내면에 응축된 에너지를 자연스럽게 밖으로 표출하고 있었다.

새로운 주체로 부각된 어린이라는 존재, 이런 어린이를 주 독자층으로 새로운 매체로 등장한 아동용 문예잡지, 어린이를 위한 노래로써 자리매김한 '동요' 등은 그 자체로 근대를 표방하는 기호가 된다. 이것은 한국만의 특징이 아닌 일본에서도 일어난 동시대적인 현상이기도 하였다. 이러한 근대에 놀이가 아이들을 만난 것이다.

장난감,
아이를 웃기고 어른을 울리다

서종원

장난감, 조선에 상륙하다

> 승객을 싣고 달리던 버스 안에서 검은 천으로 얼굴을 가린 강도가 권총을 들고 승객을 위협하며 돈을 내놓으라는 소동이 벌어진다. 승객 몇 사람에게서 돈을 갈취한 강도는 버스를 세우게 하고 무작정 야산으로 도망치다 결국 경찰에 붙잡힌다. 경찰서로 연행된 강도는 몇 시간 동안 조사를 받게 된다. 이 과정에서 강도가 승객과 버스 기사를 위협하는데 사용했던 총이 진짜 총이 아닌 장난감 권총으로 밝혀졌다.
>
> – 『조선일보』, 1936년 1월 26일

개그 프로그램에서나 볼 수 있을 것 같은 위의 일화는 오늘날의 이야기가 아니다. 1930년대 조치원에서 벌어진 실제 사건이다. 당시 장난감 권총을 진짜 총인 양 들고 버스에 올라탄 강도도 대단(?)하지만, 장난감 권총을 알아보지 못한 승객들이 이 소식을 보았다면 분명 기가 막혔을 것이다. 당시 이런 웃지 못할 일이 벌어진 이유는 여러 가지가 있겠으나, 이때는 장난감이 널리 보급되지 않을 때라는 시대적인 상황을 무시할 수는 없을 듯하다. 장난감 권총을 진짜 총으로 오인하여 벌어진 사건이니, 일정 부분 관련이 있다고 해도 지나친 말은 아닌 것 같다.

현대의 아이들이 아무리 못해도 하나 이상은 가지고 있는 서양식 장난감을 우리나라에 처음 선보인 때는 바로 근대 무렵이다. 그러니 어른이 될 때까지 단 한 번도 장난감을 보지 못한 사람도 분명 있었을 것이다. 이런 사정이니 난생 처음 장난감 총을 접한 많은 사람들이 장난감 총인지 진짜 총인지 구분하지 못한 것은 어쩌면 당연한 것으로 보인다. 아니 장난감이라는 게 있는지조차 몰랐다고 표현하는 것이 더 적절할 것 같다. 장난감이 보편화된 오늘날에도 간혹 실물과 똑같이 생긴 장난감을 구분하지 못하는 사람이 있을 정도이니, 근대를 살았던 우리네 선조들이 총을 보고 느꼈을 당혹감과 공포는 이루 말할 수 없었을 것이다.

서양의 어린 아이들이 가지고 놀던 장난감이 어떻게 조선 땅에 상륙하고 정착하게 되었는지 연유와 과정은 정확히 알 수 없다. 근대에 들어 개항하면서 서양의 다양한 문물이 유입되는 과정에 장난감도 조선에 함께 들어왔을 가능성도 있고, 누군가(단

체)가 의도를 가지고 장난감을 보급했을 수도 있다. 다만 분명한 사실은 서양식 장난감을 처음 접한 당시의 사람들은 장난감이라는 대상에 많은 호기심과 관심을 보였다는 점이다. 난생 처음 보는 다양한 형태의 장난감에 남녀노소를 불문하고 눈의 휘둥그레졌는데 신문에서 당시 장난감에 대한 사람들의 반응을 보여주는 기사를 종종 확인할 수 있다. 특히 난생 처음 본 인형이 한국에 상륙한 것을 환영해주기 위해 많은 사람들이 모였다는 기사(『조선일보』, 1927년 9월 11일)는 이 시기 조선인들이 장난감에 대해 가진 태도를 고스란히 보여준다. 인형을 직접 눈으로 보기 위해 춘천 인근에 6백 명이 넘는 인원이 모였다고 하니, 이것만으로도 당시 장난감의 인기를 추측해 볼 수 있을 것이다.

國際親善使者
米國人形歡迎會
구일십일에춘천공보교에서

얼마전에미국(米國)으로부터국제의친선(國際의親善)을목적한세계아동친선회(世界兒童親善會)가조직되어동회에서금춘에국제아동친선을도모하는사자(使者)가될만한다수한인형(人形)을만들어멀리태평양을건너일본으로보내고그중에서다시그것이조선으로건너와서얼마전에강원도에도여덟개의인형이분배되엇다는바그인형의환영회를십일강원도교육협회주최로춘천보통학교대강당에서성대히개최하리라는데당일에는춘천읍내각학교학생아동들이회합하리라더라

미국 인형 환영회 관련 기사

서양식 장난감이 유입된 이 시기, 특히 어린이들의 반응 역시 가히 폭발적이었다. 지금도 장난감이라고 하면 어른보다는 아이들의 것으로 보지 않는가? (물론 요즘은 키덜트족처럼 어린

이 못지않게 장난감을 좋아하고 아끼는 어른들도 많다. 아니 오히려 아이들에 비해 자율성이 높고 경제력이 크기 때문에 장난감 구매율이 훨씬 높을 수도 있다) 당시 아이들이 지금껏 볼 수 없었던 장난감에 낯설고 두려운 감정을 느끼기보다, 호기심과 매력을 먼저 느꼈던 이유는 전에는 없던, 아니 상상조차 할 수 없었던 독특하고 신기한 놀이 도구였기 때문이다. 근대 이전, 그러니까 장난감이 조선에 들어오기 전인 전통 시대 어린이들의 놀이란 뛰어다닐 수 있는 나이가 되었을 때 지천에 널려 있는 꽃잎과 풀잎을 따다 풀각시(각시풀을 곱게 땋아 만든 전통 시대의 인형)를 만들어 노는 게 전부였다. 이런 아이들에게 서양식 장난감은 신선한 자극이었다. 당시의 풀각시와 비교해 보면, 재질도 색다르고 모양도 비교적 실제 사물에 가까운 생김새를 하고 있었을 것이기 때문에 서양식 장난감은 근대의 아이들에게 새로운 놀이 세계를 알려준 셈이다.

> 조선의 가정에서는 원래 거의 어린이들에게는 장난감은 주지 않았습니다. 울면 젓이나 주고 다른 먹을 것이나 혹은 돈을 주었지만 무슨 장난감을 주지는 아니 했습니다. 그래서 그들의 생활은 너무도 단순하였습니다. 시골에 사는 아동들은 널은 뜰에 나가 자연과 친하여 봄이

되면 푸른 들이나 꽃잎을 따며 놀기도 하여 자연과 접근 한 기회가 있기 때문에 어느 정도까지나마 다소 생활이 재미있다고도 하겠지만 이것도 큰 아동들에게만 하한 것 뿐이요 한 살로부터 서 너 살 되는 아동은 그저 방구석에 앉아서 먹고 우는 것이 그들의 생활 전체가 되었습니다.

– 『조선일보』, 1935년 3월 5일

이처럼 신문물을 받아들임과 함께 새롭게 정착하게 된 서양식 장난감은 어린이들을 중심으로 급속히 퍼져나갔다. 장난감이 사람들의 관심사로 떠오른 만큼 신문에도 백만

백만원의 장난감집

서양의 백만 원짜리 장난감을 보도하는 기사

원이 넘는 서양의 장난감이 있다는 기사가 소개되기도 하고 전에 없던 장난감 전람회가 개최되기도 했었다. 그리고 어린이들에게 장난감을 선물로 주는 새로운 풍습 역시 생겨났다.

그렇다고 전적으로 이런 현상들 때문에 장난감이 근대에 널리 퍼진 것만은 아닌 듯하다. 조금 더 다른 관점에서 보자면 마침 근대에 과거와 달리 '어린이'라는 대상에 관심이 높아진 것도

단단히 한몫했다. 물론 그 이전에도 자녀를 사랑하는 부모의 마음은 같았겠지만, 대개 어린이는 집안 생계에 보탬이 되기 위한 '인력 자원'으로 여기는 마음이 더 커서 오늘날처럼 어른의 보호 속에서 귀하게만 자라는 존재가 아니었다. 자녀를 많이 낳으면 (특히 아들) 좋다는 인식도 아이들을 '집안의 일꾼'으로 바라보았기 때문이다. 하지만 근대에 들어 어린이를 하나의 주체로 바라보는 시각과 함께 어른이 어린이를 잘 돌보고 가르쳐야 나라의 미래가 희망적이라는 목소리가 높아지면서 어린이가 이전과는 다른 위치에 서게 된 것이다. 이런 맥락에서 어린이의 장래를 바꿀 수 있는 것은 교육을 통해 이루어질 수 있다는 생각이 여기저기 생겨나면서 부모들이 장난감이라는 대상에 관심을 갖게 된 연유도 무시할 수 없을 것 같다. 즉 장난감을 교육적 차원에서 생각한 것이다. 여기에 더해 일제강점기 당시의 시대적 분위기를 감안할 때 일본이 의도적으로 장난감을 널리 보급시켰을 가능성도 고려해 볼 필요가 있다.

하지만 근대에 장난감을 가지고 놀 수 있던 어린이는 아주 극소수에 불과했다. 이 시기에는 특권 계층의 어린이만이 장난감을 접하고 가지고 놀 수 있었다. 이렇게 장난감이 대중화되지 못했던 이유는 조선시대의 평균 서민의 수입에 비해 장난감의 가격이 높아 아무나 살 수 없었다는 부분도 무시할 수 없겠지

만 일차적인 이유는 장난감의 공급량 자체가 많지 않았기 때문이다. 물론, 가격이 높았던 것도 공급량이 많지 않았다는 이유가 포함되어 있을 것이다.

장난감, 논란의 중심에 서다

근대에 유입된 서양식 장난감은 처음엔 '장난감'이 아닌 '작난감'으로 소개되었다. 하지만 명칭이 '작난감'이든 '장난감'이든, 당시의 장난감은 오늘날 어린이들이 가지고 노는 것과 크게 차이가 없었다. 세발자전거를 비롯하여 바람개비, 하모니카, 나팔, 장난감 병정, 풍선, 사진기, 인형, 오뚝이 등이 이 시기 외부에서 유입된 대표적인 서양식 장난감이라고 말할 수 있다. 장난감은 아니지만 아동 유희구遊戲具라는 명칭으로 미끄럼틀과 동차童車도 신문에 등장하기도 했다.

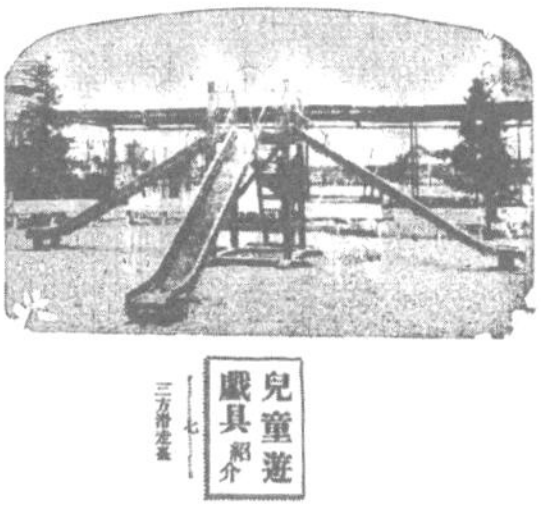

미끄럼틀

동차(童車)

이 시기에 유입된 서양식 장난감은 앞에서 잠시 언급했던 것처럼 근대의 많은 이들에게 호기심을 불러일으켰다. 그리고 많은 어린이들은 이렇게 새롭고 신기한 장난감을 갖고 싶어 했다. 하지만 장난감을 모두가 반기는 분위기는 아니었다. 장난감이 대중화되는 과정에서 논란도 많이 불거졌다. 겨우 아이들의 놀이를 위한 물건을 두고 무슨 논란씩이나 벌어지는가 하는 의문이 들 수도 있겠지만, 큰 관심사로 떠오르고 있는 물건을 두고 그것의 순기능과 역기능을 파악하는 것은 아주 자연스러운 일이 아닐까 생각한다. 논란이 된 주제는 비교적 단순했다. 크게 두 가지 양상이었는데 장난감이 어린이에게 긍정적인 결과를 가져다 줄 수도 있지만 반대로 부정적인 영향을 줄 수도 있다는 내용이 그것이다. 생각해 보면 요즘도 장난감을 두고 이런 두 가지의 입장이 상반되는 것 같다. 교육적 차원에서 그리고 아이들의 정서적 안정에 긍정적인 영향을 주기도 하지만, 반대로 어떤 장난감은 오히려 아이들의 폭력성을 일깨우고 감성을 메마르게도 하니 말이다. 하지만 근대의 논란이 오늘날과 다른 점이 있다면 당시에는 어른들조차 장난감의 장단점을 쉽게 판단할 수 없었다는 데 문제가 있다. 난생 처음 접한 장난감을 잘 알지 못해서 그런 것이니 어른들도 답답하긴 마찬가지였을 것이 아닌가. 미지의 물건이었기에 그 물건을 둔 논란은 더욱 거세지 않았을까 생각한다.

누구나 알고 있듯, 장난감은 어린이의 생활과 밀접하게 관련돼 있다. 글의 첫머리에서 이야기했듯 요즘은 오히려 아이보다 더 장난감을 아끼며 좋아하는 어른이 있긴 하나, 장난감을 가지고 노는 주체가 어린이라는 사실은 누구도 부정할 수 없다. 하지만 아무리 장난감이 아이들과 밀접하다고 해도 인지력이 부족한 아이들이 스스로 장난감을 택하고 돈을 지불하여 구매할 수는 없는 일. 아이들이 가지고 놀 장난감을 안겨 주는 사람은 다름 아닌 부모나 친척과 같은 어른들인데, 이런 사정은 시대가 바뀐 오늘날에도 크게 달라지지 않았다.

서양식 장난감이 서서히 알려지면서 자녀를 둔 당시의 부모들은 여느 때보다 더 장난감에 관심을 기울인다. 하지만 이전에 없던 물건이라 장난감에 대한 정보가 거의 없는 상태였고 따라서 어떤 것을 골라 주는 것이 좋은 것인가를 단정할 수 없었던 부모들은 장난감 선택에 머뭇거릴 수밖에 없었다. 당시의 신문들은 장난감 관련 기사를 실어 안 그래도 혼란스러운 부모들의 머리를 더욱 어지럽혔다. 당시 기사는 장난감이 가지고 있는 좋은 점을 언급하는 기사가 대부분이긴 했지만 부정적인 시각으로 장난감을 소개하는 기사도 적지 않았다.

장난감의 긍정적인 부분을 이야기하는 사람들은 장난감의 장점을 부각시키면서 어린이에게 장난감을 적극적으로 주어야 한다는 주장을 펼친다. 어린이들이 장난감을 가지고 놀다 보면 신체적으로나 정신적으로 좋은 점이 많다는 것이 주요 골자이다. 이들은 특히 '교육'이라는 새로운 키워드를 내세워 어린 아이의 교육에서 장난감이 매우 효과적임을 강조한다.

> 일을 하는 것이 어른의 직무인 것과 같이 장난하는 것이 아동 직무입니다. 아동은 장난하는 가운데서 여러 가지 정신 작용을 일으키어 몸을 단련시키고 여러 가지 경험을 쌓아 장래 사회에 나서는 날을 준비하는 것입니다. 그런데 아동의 하는 이 긴요한 장난에는 대개 장난감과 열 가지 기구가 필요합니다. 아들이 가지고 노는 장난감과 세간들 나무로 만든 물 피리 같은 것은 언뜻 보아도 아닌 것 같지만 이러한 아동들이 자연스럽게 장난감을 가지고 놀면서 교육적으로 끼칠만한 것이 숨어 있다는 것을 잊어서는 안 됩니다.
>
> -『동아일보』, 1931년 6월 17일

그런데 여기에서 주목할 점은 장난감의 장점을 부각시키는 과정에서 언급하고 있는 '교육'과 '정서'라는 단어이다. 이 두 단어는 근대 이전에 흔하게 등장하던 용어가 아니다. 교육과 정서는 개화기에 서구의 관념이 유입되고 어린이에 대한 인식이 달라지면서 등장하게 되었다. 여기에서 우리는 서양식 장난감이 이 시기에 유입된 이유가 이들과 관련이 있음을 조심스레 유추해 볼 수 있다.

장난감이 교육적으로 유용하다는 생각을 가진 이들은 어린이의 성장 과정에서 장난감이 도움을 줄 수 있다고 보았다. 장난감을 가지고 놀다 보면 자연스레 상상력도 좋아지고 수학이나 과학 등을 잘할 수 있을 거라 믿었다. 또한 그들은 어린이의 발달 과정에 맞는 적절한 장난감을 골라주면 그 어떤 교육 자료보다 교육적인 효과가 높다는 식의 주장을 펼치기도 하였다.

이렇게 장난감이 여러 가지 장점을 지니고 있고, 긍정적인 입장을 가진 사람들이 많았음에도 불구하고 한편으로는 장난감의 부정적인 측면을 언급하는 이들도 있었다. 부정적인 시각을 지닌 사람들의 주장은 이러했다. 장난감을 가지고 놀다 보면 사행심을 조장하거나 신체와 정신 건강에 해로울 수 있다는 점을 주로 내세웠던 것이다. 어떤 이는 장난감을 도박심리를 자극하는 대상으로 보았다. 무엇보다 장난감 안에는 판매의 목적이 교묘하게 숨어 있어 순진한 어린이들에게 주어서는 안 된다는 식의 의견을 보였다. 다음의 신문기사가 바로 그것이다.

순진해야 할 어린의 정신에 요행을 배양시키고 있는 사행 행위는 어느 거리를 막론하고 거미줄 치듯 버텨져 있다. 이것은 적은 구멍가게를 위시하야 큰 백화점에 이르기까지 없는 곳이 없도록 한 그림과 사탕을 가지고 제비를 만들어져 있는데 이것은 어린들에게 가장 많이 이용되도록 교묘하게 만들어져 있다.

–『동아일보』, 1927년 4월 2일

또한 좀 더 다른 관점에서의 문제점을 제기한 이들도 있었다. 그들은 나팔이나 고무풍선, 피리, 하모니카처럼 입으로 부는 장난감을 여러 사람이 사용하다가 전염병이 생길 수 있음을 지적하였다. 심지어 장난감을 가지고 놀다 죽을 수 있음을 신문 기

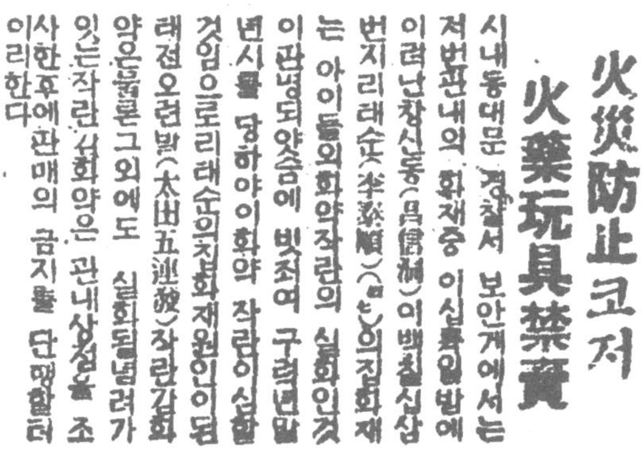

火災防止코저
火藥玩具禁賣

시내동대문경찰서 보안계에서는 저번관내의 화재중 이십륙일밤에 이려난창신동(昌信洞)이백칠십삼번지리태순(李泰順)( )의집화재는 아이들의화약작란의 실화인것이판명되얏슴에 빗최여 구력년말년시를 당하야이화약 작란이 심할것임으로리태순의집화재원인이된태전오련발(太田五連發)작란감화약은물론그외에도 실화될념려가잇는작란감화약은 관내상점을 조사한후에판매의 금지를 단행할터이라한다

화재 방지를 위해 화약 완구를 판매 금지한 신문 기사

사를 통해 경고하였다. 실제로 장난감이 유입된 초기에는 이런 일들이 많긴 했다. 1920년대 후반에는 한 아동이 풍선을 불다가 그 파편이 목구멍에 걸려 목숨을 잃었으며 화약이 들어 있는 장난감이 폭발하여 불이 난 일도 있었다.

난생 처음 보는 장난감에 대한 근대 사람들의 관심이 뜨거웠던 것은 사실이나 이러한 논란 과정에서 선뜻 본인의 자녀들에게 장난감을 사줄 수 있는 부모들은 많지 않았을 것이다. 하지만 그럼에도 장난감을 가지고 싶어 하는 어린이들이 많아지고 교육적으로 효과가 있음이 점차 입증되면서 장난감은 현재처럼 아이들의 전유물로 자리를 잡게 된다.

최근, 2013년 크리스마스 무렵 40만 원이 넘는 어떤 장난감을 사주기 위해 적지 않은 부모들이 완구점 앞에서 5시간 넘게 줄을 섰다는 뉴스가 나온 적이 있었다. 일부는 혀를 찰 수도 있겠지만, 뉴스가 될 만큼의 이런 사건은 우리에게 장난감이 지닌 마력을 다시 한 번 느끼게 한다.

장난감, 교육의 첨병이 되다

부모가 자녀에게 장난감을 주는 이유는 그때그때의 환경에 따라 차이가 있다. 떼를 쓰거나 우는 아동을 달래기 위해 장난감을 주는 부모가 있는가 하면, 잠시나마 다른 일을 하기 위해 아동의 시선을 다른 곳으로 돌릴 목적으로 장난감을 이용하는 부모도 있다. 하지만 대다수의 부모들이 자녀에게 장난감을 사주는 이유는 아마 이게 제일 크지 않을까 싶다. 바로 어린이의 발달 과정에 장난감이 일정 부분 도움을 줄 수 있을 거라는 부모들의 기대감 때문이다. 근대에 우리나라에 유입된 서양식 장난감이 가장 많이 활용되고 있는 분야도 '교육'이다. 오늘날의 학부모들은 아이들이 장난감을 가지고 놀다 보면 자연스레 지식도 습득하고 심미안이 생겨날 뿐만 아니라 감수성까지 높아진다고 믿는다. 또한 사회성도 좋아지고 과학적 사고도 생겨날 것이라 기대한다. 이런 기대감은 근대의 부모들 역시 마찬가지로 갖고 있었던 것 같다.

> 어른들에게 책이 필요한 것 같이 자라나는 아동들에게는 신체와 정신의 활동적 흥미를 일으키게 하는 선생과 친구로서 좋은 장난감이 절대로 필요합니다. 더구나 5~6세 아동들에게 있어서는 장난감을 가지고 놀 동안에 불지불식간에 사고력이 길러지고 성격과 습관상에도 중대한 영향을 끼칩니다.
>
> –『매일신보』, 1934년 8월 2일

근대의 부모들이 장난감을 자녀의 교육에 활용하기 시작한 연유는 당시의 어린이에 대한 인식 변화와 관련되어 있다. 물론 교육 방식이 변화했다는 점도 무시할 수는 없다. 하지만 전통 시대와 달리 어린이에 대해 높은 관심을 두게 되면서 자연스레 어린이의 교육까지 관심을 갖게 된 것이 일차적인 이유일 것이다. 이 무렵에 생겨난 어린이날(1922년 지정)과 다양한 형태의 아동 문학이 나왔다는 점은 당시의 이러한 분위기를 잘 보여준다.

한편 어린이에 대한 관심이 많아졌다는 점은 여러 가지 의미를 담고 있다. 예전처럼 그저 어른들 아래에 속해 있는 것이 아니라, 미약하나마 주체적인 대상으로 어린이가 인식되기 시작했음을 보여주고 있는 것이다. 어린이에 대한 인식이 차츰 바뀌게 된 데에는 외부에서 유입된 서구적 사고와 근대식 교육이 중요한 역할을 했다. 근대의 부모들이 장난감에 관심을 갖게 된 것은 바로 이러한 시대적 배경과 맞물려 있다. 실제로 전통 시대와 달리 교육을 통해 어린이의 미래가 달라질 수 있다는 사고가 이 시기의 부모들을 중심으로 널리 퍼졌다. 이렇게 어린이의 교육에 관심이 많았던 부모들의 입장에서 서양식 장난감은 더 없이 좋은 교육 도구였던 셈이다. 특별한 놀이 도구가 없던 시절에 유희와 교육적 효과를 동시에 만족시켜줄 수 있는 장난감이 부모들에게 인기가 있었던 것은 아주 당연해 보인다.

健全한幼兒는健全한母親에게서 母子座談會 ③

어린이의玩具敎育

自然스럽게科學知識을알니라

완구 교육 관련 간담회 내용

이전 시기와 달리 근대를 살았던 부모들은 자녀를 잘 가르치면 그들이 원하는 인물로 키울 수 있다고 생각하였다. 그런 연유 때문인지 이 시기의 부모들은 어린이 교육에 관심이 많았는데 장난감은 그러한 부모들의 갈증을 해소시켜 줄 수 있는 교육 도구로 손색이 없었다. 지금도 모든 부모의 마음이 같듯, 당시의 부모들 역시 자녀들이 장난감을 가지고 놀면서 좀 더 영리하고 얌전한 아이로 자라기를 원했을지 모른다. 또한 장난감을 갖고 놀면서 자녀들이 여러 측면에서 점차 향상된 모습을 보이기를 바랐을 것이다.

하지만 앞에서도 잠깐 언급했듯이 이 시기에 장난감이 모든 아이들의 교육에 적극적으로 활용되었다고 단정할 수는 없다. 장난감은 그 공급량이 많지 않고 가격이 비싼 탓에 접할 수 있는 대상이 제한되었으며 쉽게 장난감을 구하기도 어려웠다. 경성의

일부 유치원에서 장난감을 아동들 교육에 활용했다고는 하나 그것이 일반적인 모습은 아니었던 것 같다. 다만 아래 기사를 보면 적지 않은 부모들이 이 부분에 관심이 많았던 것만은 분명하다.

> 아동들에게 어떤 장난감을 주어야 하는 문제는 대단히 중대한 문제인데도 불구하고 조선 가정에서는 과히 그것을 중요시 안하는 폐단이 있습니다. 대체 장난감 기차를 시골 아동에게 사준다하고 그 장난감 기차는 대개 얼룩얼룩한 화려한 빛으로 되어있습니다. 이런 것을 가지고 노는 아동들이 자라서 정말 기차를 보았다하면 어떤 느낌을 가질까 그런 것을 생각하면 교육상 불안을 안 느낄 수 없는 것입니다. 아해(아이)들은 이때까지 아동 마음속에 품고 있는 어여쁜 기차의 환영을 머릿속에 그렸는데 실물을 볼 때 그 꿈은 여지없이 깨지고 환멸의 슬픔을 맛보게 되는 것입니다. 이 환멸의 느낌은 반드시 그들의 마음속에 커다란 동요와 자극을 줄 겁니다. 이것은 한 개의 예에 지나지 않지만은 이렇게 장난감이란 아동들에게 큰 영향을 주는 것입니다
>
> –『매일신보』, 1935년 11월 30일

어떤장난감을 선택해야하나

작난감은반드시 부모가고르도록

아해들에게 엇던 장난감을 주어야하나하는 문제는 대단히 중대한 문제인데도 불구하고 조선가정에서는 파히 그것을 중요시안하는폐단이잇습니다

대체 작난감 기차를, 시골아해에게 사준다하고 그작난감 기차는 대개 얼룩얼룩한 화려한비츠로 되여잇습니다 이런것을가지고 놀든 아해들이 자라서 정말기차를 보앗다하면 어떤 느김을 가질가 그런것을 생각하면 교육상불안을 안늣길수 업는것입니다

아해 들은 입때까지 마음속에 품고잇는 어엽분 기차의 환영을 머리속에 그렷섯는데 실물을 볼때에 그꿈은 여지업시 깨여지고 환멸(幻滅)의 슯흠을 맛보게되는것입니다 이환멸의 느낌는 반드시 그들의 마음속에 커다란 동요와 자극을 줄것입니다

이것 은 한개의 예에 지나지안습니다만 은 이러케 작난감이란 아해들에게 큰 영향을 주는것입니다

작난감을 아해들에게 사줄때에어떤것이 조흐냐고아해들을 그가가에 다리고가서 뭇는일이 흔히 잇습니다 그러나 어련아해들은 아직 어련고로 구든 의지를 갖지못햇고 따라서 어느것하나 정말맘에 드는것을 고르지 못하는것이 보통입니다 결국 사준것은 교육상 아모효험도 업는것입니다 이것은 부모가 너머 무관심하다고 말할수박게업습니다

작난 감이 아해들의성격에 영향하는바는 실로 큽니다

생각해야 할물건을주면 물건에대한 사고력(思考力)이늘고 힘드는것을사주면 힘들일을피롭지안케 역이게되는것입니다 또그뿐아니라대외적(對外的) 관계를생각하야 수학상 의학상또는 역사 지리등을부모가 생각하고 적당한것을생각하야 사주도록하십시요 거듭말합니다만은 작난감을사실때에는 반드시부모가골라주시고 아해들자신에게선택하도록하지마시기를 권하고싶습니다

장난감은 반드시 부모가 골라야 좋다는 기사

장난감 선택에 밤을 설치다

교육적으로 장난감이 중요하다는 인식이 확산되면서 근대의 부모들은 장난감 선택에 신중을 기하였다. 아이 스스로가 장난감을 선택할 수 없는 현실에서 부모의 역할이 중요했기에 고민이 많을 수밖에 없었던 모양이다. 혹여 좋지 않은 장난감을 아동에게 주었을 때 벌어질 수 있는 부정적인 측면도 고려해야만 했다. 이런 사정은 지금과 비교할 때 큰 차이가 없는 듯하다.

장난감 선택이 매우 중요하다는 이런 인식은 당시 언론의 목

소리에서도 엿들을 수 있다. 『매일신보』에는 장난감은 반드시 부모가 직접 고를 것을 당부하는 기사가 실리기도 하였다. 또한 이 기사는 장난감 선택이 매우 중요함에도 불구하고 대다수의 부모들이 이 점을 중요하게 여기지 않는 현실도 지적하고 있다. 그 기사는 다음과 같다.

> 장난감을 아동들에게 사줄 때에 어떤 것이 좋으냐고 아동들을 그 가게에 데리고 가서 묻는 일이 흔히 있습니다. 그러나 어린 아동들은 아직 어리고 굳은 의지를 갖지 못했고 따라서 어느 것 하나 정말 맘에 드는 것을 고르지 못하는 것이 보통입니다. 결국 사준 것은 교육상 아무 효험도 없는 것입니다. 이것이 부모가 너무 무관심하다고 말할 수밖에 없습니다.
>
> – 『매일신보』, 1935년 11월 30일

당시의 부모들이 장난감을 선택할 때 신중할 수밖에 없었던 이유는 장난감에 대한 당시의 인식이 긍정적이지만은 않았기 때문이다. 앞서 소개한 「아동에게 사행심과 허영심을 심어줄 수 있으니 각별히 조심하라」는 기사는 당시의 이러한 실상을 잘 보여준다. 실제로 장난감이 주는 긍정적인 효과를 믿는 사람만큼,

장난감을 부정적인 시선으로 보는 이들이 적지 않았다. 이런 현실을 반영하듯 장난감을 선택할 때 부모들이 신경 써야 하는 구체적인 내용이 신문에 소개된 경우도 있었다. 당시의 부모들이 아이들의 장난감을 고를 때 무엇을 고려했는지, 오늘날과 어떤 점이 다른지 궁금하지 않은가? 다음에 보이는 『매일신보』에 실린 「작난감은 이렇게 고르시오」라는 기사를 통해 장난감을 고를 때 근대의 부모들이 고려했던 네 가지 항목을 엿보도록 하자.

> ① 어른의 취미로 고르지 말고 어린이이 발육정도를 생각할 것, ② 가격의 高低보다도 작난감 자신의 가치를 생각할 것, ③ 깨지기 쉬운 것 빗갈 벗겨지기 쉬운 것은 되도록 피할 것, ④ 어린이들의 희망은 어느 정도까지는 만족시키고 어느 정도까지는 참도록 하실 것
>
> – 『매일신보』, 1935년 5월 24일

여기에 실린 내용 가운데 '골라 주는 사람의 취미대로 장난감을 고르지 말고 반드시 어린이의 발육 정도를 생각'해야 한다는 내용은 이 시대에 자녀를 둔 분들도 반드시 눈여겨보아야 할 것이다. 장난감이 차고 넘치는 시대를 사는 오늘날의 부모들 역시 이 점을 간과하고 있기 때문이다. 이 기사에는 아동의 발육

상태(과정)에 따라 어떠한 장난감을 주어야 하는가도 자세히 소개하고 있다. 발육 과정을 크게 생후 3~6개월, 생후 7~8개월, 생후 1~2년, 생후 3년, 생후 6~7년으로 구분하고 갓 태어난 아이에게는 오늘날의 '모빌'에 해당하는 장난감을 잠자리 곁에 매달아 놓으면 아이에게 좋다는 식의 내용이 그것이다. 당시의 부모들은 기어 다니는 아이에겐 흔들 때 소리가 나는 장난감을, 유치원에 갈 나이의 아이에겐 상상력과 학습능력을 배양할 수 있는 장난감을 좋은 것으로 인식하였다. 이 기사를 보며 놀라운 것은 오늘날 유아교육에서 이야기하는 내용과 이들이 크게 다르지 않다는 데 있다.

근대를 살았던 부모들이 장난감을 선택할 때 고려했던 또 다른 항목은 아이의 성격이다. 발육 과정이나 나이만 고려하는 것이 아닌 아이 개개인의 성격에 맞는 장난감을 골라 주어야 한다는 것이다. 신경질적인 아동에겐 북과 나팔이, 참을성이 부족한 아동에겐 원예園藝 도구가 좋다고 생각하였다. 그리고 침착하지 못한 아동에게는 그림책처럼 머리를 쓰는 장난감을 골라 주는 것을 바람직하다고 보았다.

> 대개 몸이 약한 아동에게는 공, 그네, 연, 풋볼, 스케이트, 자동차, 자전거 같은 장난감이 좋습니다. 그리고 신

경질적인 어린이에게는 비행기, 전차, 하모니카, 나팔, 북 같은 것이 좋습니다. 그리고 침착하지 못한 아동들에게는 그림책, 그림 맞추는 것 등 머리를 쓰는 장난감이 좋습니다. 참을성이 적은 아동은 원예도구 앞 굴리기 고기 낚는 도구 씨 뿌리는 작난감 같은 것이 좋습니다. 도무지 질서 없이 버려만 놓는 아동은 부엌일하는 장난감, 화장도구 같은 장난감을 가지고 노력하는 것이 좋습니다. 어떻든 어린이에게는 단순하지만 새로운 것을 좋아 하고 신기한 것을 좋아하는 만큼 장난감을 잘 골라주어 어린이 생활을 좀 더 재미있게 만들어주어야 할 것입니다.

– 『조선일보』, 1935년 3월 5일

요즘도 그런 성향이 없진 않지만 근대에는 아동의 성별을 고려하여 장난감을 선택하는 성향이 더욱 뚜렷했다. 남자아이에게는 칼·기차·비행기를, 여자 아이에게는 발가벗은 인형을 주로 주었다. 심지어 계절에 맞게 장난감을 수시로 바꿔

철따라바꾸어줄

어린애기작난감

어린 애기네에게 장난ㅅ감이 필요하다는 것은 어제와서 일반으로 거의 다아는 노릇이지요만 그 장난ㅅ감도 아무러케나 주어서 조흔 것은 절코 아닙니다. 위선 나이를 맞아서도 다르거니와 절기를 맞아서 가려서는 못 씁니다. 여름에는 하여튼 물이라든지 모래라든지 그런데서 가지고 놀 것이라야 씁니다. 그것도 위험하지 안코 곳 실증 나지 안코 그러코도 과학(科學)이나 예술방면으로도 그들의 머리를 좀더 향상시켜 줄 것이라야 합니다. 사진에 잇는 어린 장난ㅅ감들을 애기네게 사주시면 어떠켓습니까? 모두 물까에서나 모래펄에서 가지고 놀기조흔 작난ㅅ감들이올시다.

철따라 장난감을 바꿔주는 게 좋다는 기사

주자는 의견을 피력하는 사람도 있었다. 여름철에는 물이나 모래에서 가지고 놀 수 있는 장난감을 아동에게 주는 게 좋다는 식이었다.

또한 장난감을 선택할 때 재질도 꼼꼼히 살폈다. 장난감이 견고하게 만들어져 있지 않은 당시의 시대적 배경과 관련이 있지만, 생소하거나 위험한 장난감이 많아 가지고 노는 과정에서 사고가 빈번하게 발생했기 때문이다. 실제로 당시에는 장난감을 가지고 노는 과정에서 많은 사고가 발생하였다. 이들 사고의 일차적인 연유는 오늘날에 비해 정교하게 만들어지지 않은 데 있다. 그렇지만 생소한 완구를 잘못 다뤄 발생한 사고도 적지 않았다. 평양에 살던 한 아동은 고무풍선을 가지고 놀다 터진 풍선 조각이 입으로 들어가 기관이 막혀 목숨을 잃었다.

> 지난 26일에 평양부 경창리 79번지에 사는 리선두의 장녀 리혜경은 학교에서 돌아와 '고무'풍선을 사가지고 불면서 놀다가 풍선이 터지면서 풍선 조각이 입으로 들어가 기관이 막혀 즉시 죽었다는데, 곧 귀홀병원으로 데려가 꺼냈으나 소생하지 못하였다. 어린이 기르는 일반 학부형들은 한층 주의를 해야겠다.
>
> – 『조선일보』, 1927년 4월 30일

그런데 장난감과 관련된 사고는 여기에서 그치지 않았다. 화약이 들어 있는 완구를 잘못 다루어 화재가 발생하기도 했으며, 제작 기술의 부족과 좋지 않은 재질 탓에 유독 성분이 있는 장난감이 많았다. 아주 어린 아이들은 본능적으로 무슨 물건이든 입으로 가져가는 습성이 있다. 그런 연유로 유해 성분이 함유된 장난감을 인지력이 부족한 아동이 가지고 놀다 입에 넣게 되면 의식을 잃을 수 있어 각별히 조심하라는 경고성의 기사도 등장하였다. 특히 고무 점토와 짙은 빛깔[색]을 띄고 있는 장난감이 유독물질을 많이 가지고 있어 이러한 장난감을 가지고 놀 때는 각별히 신경 쓸 것을 당부하고 있다. 이에 관한 기사는 아래와 같다.

> 아동들의 작난감 중 고무점토라는 것이 요즘 대유행을 합니다. 이것은 무르고 부드러워 맘대로 여러 가지 모형을 만들 수 있음으로 교육상으로 보아도 여간 의미 깊은 것이 아니며 아동들 자신들도 비상히 기뻐하는 것입니다. 그러나 이 고무점토 속에 섞여 있는 색소 즉 물감에는 유독물이 섞여 있습니다. 그것이 손에 묻거나 간접으로 입으로부터 몸에 침입하거나 또는 만지고 있는 동안에 피부부터 배어들어 가서 해를 끼칠 염려가 있습니다. 일찍이 크롬산연酸鉛이라는 무서운 독기 있는 약품을 섞

어 황색의 색소를 내어 쓴 장난감이 다 있었습니다. (…) 그리고 제일 아동들에게 이런 것을 입에 대지 말도록 엄격히 경계를 시켜야합니다. 대개는 색깔이 덜 진할수록 덜 위험합니다.

–『동아일보』, 1931년 8월 14일

이처럼 장난감이 아동 교육에 긍정적인 영향을 준다는 사실을 알고 있음에도 불구하고 근대의 부모들은 섣불리 장난감을 아동에게 줄 수만은 없었다. 아동의 발육과정과 심성은 물론이거니와 장난감이 지닌 특성도 함께 잘 살펴야 했기 때문이다. 자칫 아동의 목숨도 잃을 수 있으니 더 더욱 그럴 수밖에 없었을 것이다.

현대처럼 각종 미디어 기기나 특별한 놀이 도구가 없던 시절, 장난감은 부모들이 해줄 수 없는 무언가를 자녀에게 채워줄 수 있는 교육 도구였던 건 분명하다. 하지만 무작정 아이에게 안겨줄 수 있는 대상도 아니었다. 장난감을 잘 알지 못해 그럴 수도 있겠지만 교육 수단이라는 관점이 부각되면서 오히려 이 부분을 많이 신경 써야 했기 때문이다. 교육에 대한 확고한 신념이 없었던 이 시기의 부모들이 자녀의 미래에 영향을 줄 수 있는 장난감을 쉽게 선택하기란 쉽지 않았을 것이다. 본인도 잘 알지 못하는 여러 유형의 장난감 중에서 어떤 것을 선택해 본인의 아이에게 줄 것인지를 판단하지 못했다고 보는 것이 보다 정확한 표현일 게다. 장난감이 등장하면서 어린 자녀를 둔 근대의 부모들은 이전에 비해 머리 아픈 날이 훨씬 많아진 셈이다.

하지만 오늘날의 부모들 역시 근대의 부모들이 그러했던 것처럼 장난감을 선택하느라 날밤을 새는 일이 많다. 종류도 다양해졌을 뿐더러 근대에 비교하자면 장난감에 대한 상세한 정보(장단점)를 갖고 있긴 하지만 그럼에도 자녀에게 줄 장난감을 쉽게 고르지 못하고 있다. 심지어 어떤 장난감은 애초에 자녀에게 주지 않는 부모들도 생겨났다. 아이의 정서 발달에 장난감이 악영향을 미칠 수 있다고 보고 있으며, 가족 간의 대화를 단절시킬 수 있다고 생각하기 때문이다.

과연 어떤 부모의 판단과 행동이 옳은 것인지 모르겠다. 그렇지만 예나 지금이나 자식에 대한 사랑이 똑같음은 장난감을 통해 다시 한 번 확인할 수 있었다. 물론 자녀에 대한 지나친 관심과 사랑이 오히려 독이 될 수 있다는 사실도 부모들이 반드시 명심해야 할 것이다.

일확천금의 신기루, '미두'

임선숙

1921년 5월28일, 경성 조선호텔에서 오랫동안 사람들의 입에 오르내릴 초호화 결혼식이 거행되었다. 이 결혼식을 위해 인천에서 서울까지 기차 2등실 객차를 대절하고, 서울 시내 자동차의 3분의 1이 동원되었다. 기차를 타고 서울에 도착한 손님들은 대절된 자동차에 곧바로 몸을 싣고 조선호텔에 마련된 결혼식장으로 이동할 수 있었다. 결혼식에 소요된 비용은 현재 가치로 약 30억 원. 이렇게 입이 떡 벌어지는 돈을 투자해 결혼한 사람은 어떤 사람이었을까? 결혼식의 주인공은 바로, 당시 '미두왕'으로 불리던 반복창과 조선 제일의 미녀로 평가 받던 김후동이었다. 이 결혼식은 온전히 반복창의 재력으로 치러졌다. 20대 청년이었던 그는 결혼식 당시 조선에서 손꼽히는 갑부의 반열에 오른 지 얼마 되지 않았다. 그가 한꺼번에 상상하지도 못할 만큼의 부를 거머쥐게 된 것은 당시 조선의 투기꾼들을 요동치게 했던 '미두시장'에서였다. '미두시장'은 40여 년 동안 조선 사람들에게 희망과 절망을 동시에 안겨주었다. 하지만 대부분의 사람들은 일확천금의 헛된 꿈을 꾸며 절망의 나락으로 떨어졌다. 거의 반세기에 가까운 시간동안 조선 사람을 들뜨게 했던 '미두'는 어떤 것이었을까?

오래된 '대박'의 꿈

우리는 매스컴을 통해 주식, 경마, 도박 등으로 재산을 잃고 극단적인 선택을 하는 사람들에 대한 기사를 종종 볼 수 있다. 경제가 어려울수록 어떻게든 한 번에 재산을 불리고자 하는 욕심으로 한탕주의에 빠지는 사람들이 많아지기 때문이다. 마찬가지로 근대 초에도 한탕주의에 빠지는 사람들이 많았다. 이 시기 우리나라는 봉건시대가 붕괴되고 자본주의의 경제구조가 유입된다. 그리고 일제강점기라는 시대적 배경이 주는 심리적 그림자와 일제의 조선 수탈이라는 구조적인 문제들이 겹치면서 재산가들을 비롯해 일반 서민들에게도 투기의 열풍이 불었다. 신기하게도 당시 한탕주의의 욕망과 그로 인해 좌절했던 사람들의 모습은 지금과 너무 닮아있다. 시대가 바뀌어도 '대박'을 꿈꾸는 사람들의 욕망은 그 모양만 달리해 반복해서 생산되고 있는 것이다.

일제강점기에 불어 닥친, 가히 광풍이라 할 만한 투기는 부동산, 금광, 미두 등에서 생겨났다. 부동산은 지금의 투기와 유

사한 모양새를 가지고 있다. 당시 일본의 대륙 진출의 항구가 될 종단항의 후보지로 함경북도 청진, 나진, 웅기 등이 입에 오르자 이 세 지역을 중심으로 땅 투기 열풍이 불어닥쳤다. 요즘 말로 하자면, '떴다방'이나 '부동산 브로커' 등도 활개를 쳤다. 심지어 종단항으로 나진이 유력하다는 소문이 돌자 청진의 사람들이 모여 종단항 유치를 위한 궐기대회를 열기도 했다. 그리고 마침내 나진으로 종단항이 최종 결정되자 이곳의 일부 땅값이 이전보다 1,000배 이상 치솟기도 했고, 이로 인해 일순간에 졸부가 된 사람들도 심심치 않게 볼 수 있었다. 이런 투기 열풍은 당시를 배경으로 한 문학 작품에서도 종종 소재로 등장하곤 했다. 이태준의 소설 「복덕방」(1937년)에서는 당시 부동산에 투기하고 '한 방'을 꿈꾸었던 주인공 윤 초시가 등장한다. 윤 초시는 항구가 들어선다는 중개인의 말에 속아 쓸모없는 땅을 산 후 고민하다 자살로 생을 마감한다. 요즘 말로 하자면 부동산 사기를 당한 것이다. 이런 부동산 사기가 비단 소설 속 이야기만은 아니었을 것이다.

금광에 대한 열풍도 대단했다. 실제로 일제강점기 당시 세계 3대 금광 중 하나가 조선에 있었다. 그리고 배운 사람이건 못 배운 사람이건 심지어 남녀를 가리지 않고 금맥을 찾아 전국 방방곡곡을 해매고 다니는 사람이 부지기수였다. 김유정의 소설 「금따는 콩밭」(1935년)에서 주인공 부부는 자신들의 콩밭에 금맥이 있다고 말하는 친구의 꼬임에 넘어가 콩 농사를 제쳐 두고 콩밭을 뒤집는다. 물론 금맥이 발견 될 리가 없다. 이런 부류의 소설 속 주인공들은 모두 욕망을 실현하지 못하고 비극적인 결말을 맞게 된다. 현실도 이와 다르지 않았다. 대부분 '대박'의 꿈을 좇다가 '쪽박'의 나락으로 떨어지게 되는 것이다.

미두의 경우는 어땠을까? 미두는 오늘날로 얘기하자면 일종의 주식거래를 말한다. 오늘날에도 주식은 부동산 투자에 비해 적은 돈으로 쉽게 할 수 있는 투자의 일종으로 인식되고 있다. 지금 우리나라에서 증권 거래는 흔한 일이 되었다. 주식에 대한 전문적인 지식이 없더라도 손쉽게 인터넷이나 스마트폰으로 접속해서 주식을 거래 할 수 있다. 또 머리 아프게 어떤 종목에 투자할까 고민하지 않더라도 은행에서 두루뭉술하게 여러 종류의 주식을 묶어 놓은 적립식 펀드에 가입할 수도 있다. 몇 년을 주기로 경제 상황에 따라 코스피지수가 오르락내리락 하며 수익이나 손해를 가져다주기도 하지만, 코스피지수와 상관없이 건실한 기업에 투자해서 이익을 볼 수도 있다. 하지만 때로는 잘못된 정보로 인해 '작전주'에 말려들어 경제호황에서도 손해를 볼 수 있는 게 주식이다. 이즈음 되면 주식을 단순히 합법적으로 기업에 투자하는 일이라고만 보기는 어려울 것이다. 소위 '대박'을 꿈꾸는 사람들의 사심이 들어갈수록 주식은 일종의 한탕주의의 함정으로 빠지게 되는 것이다. 투자가 아니라 투기인 것이다. 당시의 미두도 적은 돈부터 큰돈까지 어렵지 않게 투자할 수 있는 시스템을 갖추고 있었다. 그런 점에서 다른 투자에 비해 훨씬 쉽게 '대박의 꿈'으로 빠져들 수 있는 빌미를 주었다.

우리나라 증권거래의 시발점 '미두'

그렇다면 우리나라에서는 이런 주식거래가 언제 어디서부터 시작되었을까? 우리나라 증권거래의 유래는 생각보다 오랜 시간을 거슬러 올라가야 한다. 1896년 일본인에 의해 우리나라 최초로 인천에 미두취인소가 설립되었는데, 미두취인소는 오늘날로 얘기하자면 일종의 증권거래소이다. 미두취인소의 '미두'는 한자로는 '米豆'인데, 즉 쌀과 콩의 거래소라는 뜻이다. 하지만 당시 미두거래소에서 실제 쌀과 콩이 거래되었던 것은 아니다. 현물 거래가 아닌 쌀과 콩의 선물 거래가 이루어졌던 것이다. '선물 거래'는 요즘 증권시장의 선물 거래와 유사하다고 할 수 있다.

'선물 거래'는 쉽게 말해서 상품이나 금융 자산의 미래 가격을 예측해서 거래하는 것을 말한다. 예를 들어 어떤 상품에 대해 현재 시점에서 미래의 특정 시점의 가격을 예측해서 미리 그 상품 구매를 약속하는 것이다. 그리고 그 미래의 특정 시점에 본인이 과거 구매한 가격보다 올랐을 경우 시세 차익을 얻을 수 있는 것이고, 본인이 구매한 가격보다 현저히 낮을 경우 손해를 볼 수도 있는 것이다. 즉 미래의 가격이 현재의 가격에 비해 내릴 것인지 오를 것인지를 맞히는 것이다.

'미두' 거래 역시 이와 유사한 구조라고 생각하면 된다. 현재의 쌀 가격을 기준으로 미래의 쌀 가격을 예측해 투자하는 것이다. 이때 거래는 현물 거래가 아니었으며, 거래 시에도 전체 주문 금액의 10%정도에 해당하는 증거금만으로 거래가 이루어졌다. 예컨대, 10%의 증거금으로 거래할 수 있는 종목이라면 원하는 매수 금액의 10%만으로 주식을 구매한 다음 일정 기간 안에 나머지 돈을 지불하면 되는 것이다. 이런 구조는 적은 돈으로 큰 매매를 할 수 있기 때문에 얼핏 매수자들에게 유리해 보이지만, 그만큼 투기를 조장하고, 실제 매매 대금이 없는 사람들에게는 매우 위험한 거래이기도 하다.

원래 일본인에 의해 설립된 미두취인소의 표면적인 설립 목적은 조선의 쌀 가격 안정과 과도한 경쟁을 방지하기 위한 것이었다. 하지만 그 이면적 배경은 사뭇 달랐다. 그리고 그 역사적 배경은 당시 일본의 경제 상황까지 거슬러 올라가야 한다. 1890년대 일본은 전쟁과 흉년으로 자국의 쌀 소비량과 생산량의 불

인천 미두취인소

균형이 찾아온다. 일본 상인들은 일본의 쌀과 품질은 유사하면서도 가격은 훨씬 저렴한 조선의 쌀 시장으로 눈을 돌리게 된다. 하지만 일본 상인들에게 조선의 쌀 시장은 녹록치 않았다. 조선의 쌀 상인들은 이미 자기들끼리의 탄탄한 조합을 가지고 있었기 때문이다. 그래서 일본의 상인들은 일본으로의 원활한 쌀 공급을 위해 일본 영사관의 허락하에 인천에 미두취인소를 설립하게 된 것이다. 즉 표면적인 설립 목적과는 달리 조선의 쌀 수탈을 위한 것이었다. 그래서 이곳에서의 거래는 일본 오사카의 쌀 시세가 기준이 되었다.

또 용이하게 조선의 쌀을 수탈하기 위해서는 조선 사람들을 미두취인소로 모이게 해야만 했다. 우리나라의 재산가들이 체면을 이유로 미두취인소에서의 거래를 꺼린다는 것을 알고 일본 투기꾼들이 '쌀클럽', '미우회' 등을 만들어 재산가들이 전화로 쉽게 거래할 수 있는 길을 열어준다. 그리고 초반에는 재산가들에게 이익을 남게 해서 미두에 대한 투기에 불을 지피게 된다. 이익을 봤다는 소문을 듣고 재산가들에서부터 일반 서민들까지 미두취인소는 그 목적에서 벗어나 투기꾼들이 모이기 시작했다. 이후 미두취인소는 군산, 진남포, 대구, 부산 등에도 설립되면서 전국적으로 그 열풍을 이어갔다.

한탕주의자들의 집결소 '미두장'

미두취인소 내부 사진

일본의 미두거래는 그 역사가 깊다. 그만큼 과학적인 분석 방법과 데이터가 있고 투자의 노하우를 가지고 있었다는 얘기이다. 하지만 당시 조선 사람들은 미두에 대한 투자를 운에 맡기는 경우가 많았다. 심지어 미두장 밖에서는 점쟁이들에게 쌀값의 등락을 묻는 진풍경이 펼쳐지기도 했다. 요즘으로 말하자면, 주식 매매를 하기 전 펀드매니저나 애널리스트들에게 종목 분석을 받는 것이 아니라 점쟁이에게 종목을 찍어 달라고 하는 것과 별반 다르지 않은 것이다. 요즘도 데이터 분석을 통해 과학적으로 접근한다는 펀드매니저나 주식 전문가들도 도산하거나 때로는 그로 인해 극단적인 선택을 하는 것을 보면 소위 '과학적인 접근'도 맥을 못 출 때가 있다. 하물며 당시에 점쟁이의 점을 통해 '운'을 믿고 투기를 했다니, 미두장에서 한순간에 돈 잃는 일이 비일비재했을 것이다. 게다가 미두취인소 자체가 조선인의 쌀을 수탈하기 위한 목적으로 설립된 것이었으니, '운'에 의지해서 투자했던 조선 사람들의 운명은 불 보듯 뻔한 일이었다. 하지만 미두에 돈을 잃는 사람들이 많아짐에도 열풍은 점점 더해졌다. 평생을 모은 전 재산을 미두장에서 탕진하고 자살하는 사람까지 나오기에 이르렀다. 1925년 『동아일보』에는 다음과 같은 기사가 「미두장이의 말로-돈이 떨어져서 목매어 죽어, 노친과 처자의 전도前途가 가긍可矜」이라는 제목으로 실려 있다.

> 평남강 서부 강서면 덕여리 윤여선이라는 사람은 원래 가난한 가정에서 온갖 고생의 생활을 하다가 지금부터 약 십구 년 전에 굳은 결심을 가지고 고향을 떠나 남부여대 하고 전기강서로 와서 천신만고를 다하여 돈을 많이 모았는데 사람의 욕심은 그도 부족하여 재작년 추기(가을)부터 인천으로 다니며 쌀장사를 시작하여 삼사천 원의 이익을 얻었더니 작년에 이르러 근 이십 년 동안 고생하여 번 재산 전부가 한 푼도 남지 않고 없어짐에 세상을 비관하여 팔십삼 세의 노부와 어린 처자에 식구를 남겨두고 웃고름으로 교회당에서 목을 매여 죽었다는데 의지 없는 늙은이와 어린 처자의 비참한 정황은 차마 볼 수 없다고.
>
> – 『동아일보』, 1925년 1월 5일

윤여선이라는 사람은 가난한 가정환경을 딛고 근면함으로 큰돈을 벌었지만 이를 모두 미두장에서 날려버린다. 더군다나 노모와 처자식을 두고 자살이라는 극단적인 선택을 하기에 이른다. 당시 한탕주의에 빠졌던 사람들의 비극적인 삶의 단면을 보여주는 것이다. 미두에 빠진 많은 사람들이 가산을 탕진하고 하층민으로 전락하는 일이 비일비재했던 것이다. 미두는 더 이상

투자가 아닌 '도박'이었다. 심지어 훔친 돈으로 미두를 하다가 검거된 경우도 있었다. 1928년 4월 13일 『조선일보』에서는 인천에 사는 김씨가 기차에서 귀중품을 부탁받고 나르는 사람의 돈 2,000원을 훔쳐서 달리는 기차에서 뛰어내려 도망갔는데, 얼마 뒤 그가 잡힌 곳이 인천 미두취인소였다고 보도하고 있다. 더군다나 검거된 뒤 그가 가지고 있었던 돈은 반도 채 되지 않았다. 미두장에서 잃었을 것으로 보인다. 돈을 훔친 것도 모자라 훔친 돈으로 미두장에서 미두를 하고 있다니, 근래 종종 보도되는 주식 빚을 갚기 위해 회사 돈을 횡령하고 그 돈을 다시 주식에 투자했다는 신문 보도와 너무 닮아있다.

미두에 얽힌 문제는 이뿐만이 아니었다. 가산을 탕진하거나 혹은 밑천이 없는 사람들도 미두의 유혹에서 벗어나지 못했다는 것이 더 큰 문제였다. 이로 인해 생겨난 것이 바로 합백꾼, 하바꾼, 절치기꾼이라고 불리는 '장외 투기꾼'들이었다. 이들은 미두장에서 합법적인 거래를 할 만한 밑천이 없었던 사람들이었다. 당시 쌀 한 석이 대략 30원정도였는데, 미두장에서의 기본 거래 단위는 백 석이었다. 그래서 밑천이 부족한 장외 투기꾼들은 미두장 앞에서 미두의 시세를 맞추는 일종의 사행성 도박을 했던 것이다. 이들은 비록 미두장 안에 들어가 정식으로 거래하지는 못했지만 미두장 근처를 배회하며 대박을 꿈꾸기는 마찬가지인 사람들이었다. 이런 합백꾼은 사회적 문제가 되었다. 당시의 신문을 보면 경찰이 합백꾼이나 절치기꾼을 검거했다는 내용을 심심치 않게 볼 수 있다. 아래의 기사는 「미두장 포위. 합백군 대검거. 조선인 이십칠 명을 검거. 인천서 형사대총출동」이라는 제목으로 실린 기사이다.

> 천재기天災期를 앞두고 인천미두 시세의 피란이 격렬함에 달아 미두군도 구름같이 모여들어 작금에는 온세상의 불성기도 모르는 듯이 자못 함항율정하는 바람에 합백이라는 도박이 인천 미두취인소 일대에 더욱 성행하여 백주대도상에서 풍기문란의 현상이 촉처에 연출되는 바 29일에는 이른 아침에 인천경찰 형사대가 총출동하여 인천미두장을 포위하고 합백 도박군 이십칠 명을 대검거하였다. (…) 합백 도박은 조선인에도 상습적으로 하는 무리가 물론 많거니와 일본인 측에 상습적이면서 비교적 대규모로 하는 자가 많되 그러한 사람도 검거되지 아니하였음으로 그 합백의 근절은 도저히 보기어려우리라 한다.
>
> –『동아일보』, 1931년 6월 31일

합백꾼들은 쉽게 근절되지 않았던 것으로 보인다. 미두장에서 전 재산을 날린 사람이 많아질수록 오히려 그것을 만회하기 위해, 혹은 작은 희망이라도 쥐기 위해 미두장 주변을 방황하는 사람들이 더 많아졌을 것이다. 하지만 구조적으로 조선인들이 미두장에서 이익을 보기란 쉽지 않았다.

한편, 미두를 중심으로 이루어지던 합백은 1930년대 후반 즈음에는 주식 합백으로까지 확산된다. 1939년 3월9일 『조선일보』는 당시 주식 합백으로 한탕을 꿈꾸던 신합백꾼들이 큰 문제가 되고 있다는 기사를 실었다. 미두 합백꾼은 쌀 시세의 오르내림을 맞추는 것으로 미두장 주변을 배회하면서 소액을 걸었기 때문에 검거하기도 쉬웠지만, '신주식 합백'은 보합권을 유지하는 주식장에서 큰 재미를 보지 못한 자금을 가진 사람들이 장외에서 고액을 걸고 하는 것이기 때문에 더욱 문제가 되고 검거하기도 어려웠다고 보도하고 있다. 이렇게 일제강점기 말로 갈수록 사람들의 '한탕주의' 병은 더욱 심각해져 갔다.

미두왕 '반복창'의 성공과 몰락

당시 대부분의 조선인들이 미두장에서 전 재산을 날리고 방황했던 데 반해, 이 한 사람은 잠시이긴 하지만 이름을 떨치고 큰 성공을 거두었다. 바로 첫머리에서 잠시 이야기했던 '반복창'

이라는 사람이다. 반복창은 이방의 아들로 태어나 비교적 유복한 생활을 했지만 1910년 경술국치로 아버지가 직업을 잃게 되어 생활고에 빠지게 된다. 이후 그는 일본인 미두 중매점에서 일을 하게 된다. 그리고 중매점에서 악착같이 모은 돈과 그곳에서 축적한 경험을 살려 1919년 400원이라는 돈으로 미두시장에 뛰어든다. 그는 미두 시세를 번번이 맞추면서 승승장구한다. 그 후 1년 만에 미두시장에서 지금의 가치로 약 400억 원의 돈을 벌어들인다. 그야말로 일확천금으로 조선에서 손꼽히는 부자가 된 것이다. 또 1년 뒤, 당시 조선 최고의 미인이라고 소문이 자자했던 김후동과 오랫동안 사람들의 입에 오르내릴 만큼의 초호화 결혼식을 하게 된다.

몇 년이 지나 반복창이 몰락의 길을 걸어가고 있을 때도 그의 화려했던 결혼식이 회자되기도 한다. 1926년 1월22일자 『동아일보』에 "독자 여러분에게 이직 기억에 남았으리라고 믿거니와 김후동 씨가 시집갈 때에 결혼식을 조선호텔에서 한 것 결혼식 당일에 인천서 특별열차를 내어 손님을 실어 온 것은 조선에서는 아직 전무후무의 일이오 당시에 큰 이야기거리가 되었던 것이다."라고 보도하고 있다. 당시 3만 원, 지금의 가치로 하자면 약 30억 원의 돈이었다고 하니 그야말로 세기의 결혼식이라 불릴 만했을 것이다. 조선호텔에서 결혼식을 올렸으며, 인천에서 결혼식에 참석할 손님들을 모셔오기 위해서 특별 수송 열차를 이용했다. 그리고 서울역에서 내린 손님들을 흙 한번 밟게 하지 않고 승용차로 호텔까지 모셨다. 또 신혼 생활을 위해 인천 해안가에 아방궁같은 집 공사도 시작한다. 하지만 이 아방궁같은 집은 완공되지 못한다. 이 집이 채 완성되기도 전 반복창이 서서히 몰락의 길로 들어섰기 때문이다.

1922년부터는 어쩐 일인지 반복창의 미두 시세 예측이 맞지 않기 시작한다. 거의 2년 만에 모든 가산을 탕진하게 된 것이다. 그가 애초에 벌어들였던 액수를 생각하면 평생을 어려움 없이 살았을 금액이지만 사람의 욕심은 멈추는 타이밍을 모르는 경우가 더 많다. 이후에도 그는 계속 미두 시장을 배회한다. 그리고 끝내 미두에 미련을 버리지 못하고 합백꾼들과 어울려 다니며 미두와의 인연을 이어간다. 또 사기 사건에도 연루된다. 이는 『동아일보』에 「삼만여 원의 유가증권을 위조한 반복창, 작일 공판에 사실 부인」이라는 제목으로 보도된다.

> 충남 직산에 사는 부호의 아들 김동한을 농락하여 삼만여 원의 유가증권을 사기하려다가 목적을 달하지 못한 인천외리에 사는 반복창외 세 명에 대한 사건은 예정과 같이 십삼 일 오전 열한 시 반경에 경성대방법원 법정에

서 공판을 열고 삼시 판사와 기타 두 배석 판사와 송기 검사가 임석하여 피고인들을 심리했는데 피고인들은 교묘히 그 사실을 벗어나려고 사건의 내용을 부인하였으며, 변호사들의 변론이 있었더라

–『동아일보』, 1923년 12월 14일

한때 '미두왕'으로 명성을 떨쳤던 반복창은 합백꾼으로 전락한 것으로도 모자라 유가증권을 위조하는 사기 사건에도 휘말리게 된 것이다. '미두왕' 반복창에 대한 세인들의 관심은 이후에도 이어진다. 이미 가산을 탕진한 이후에도 그의 아내 김후동은 두 아이를 낳았고 셋째 아이를 임신한 1926년에는 『동아일보』

부인

어머니되기까지 (二)

한번 미두에 삼십만원 단

◇반복창씨부인 김후동씨

어린때부터

자녀에게 일을 식히라

◇…제 몸을 제가 거두고 밥벌이도 부담시혀…◇

1926년 1월22일 『동아일보』 신문기사 – 김후동 인터뷰

와 인터뷰까지 한다. 인터뷰에서 그녀는 '돈은 있다가도 없고 없다가도 있는 것'이라고 말하며, 여전히 남편과 아이들과 행복한 삶을 살아가고 있다고 얘기한다. 아마도 본인보다 학벌도 집안도 부족한 반복창과의 결혼이 '돈'을 보고한 결혼이 아니라 오직 '사랑'을 위한 것이었음을 끝까지 피력하고 싶었는지도 모르겠다. 하지만 그것도 오래가지 못한다. 1927년 김후동은 세 아이를 반복창에게 맡기고 이혼을 하기에 이른다.

이후 반복창은 30살의 나이에 중풍으로 쓰러지게 되고 정신마저 이상해진다. 하지만 그는 끝내 미두시장을 떠나지 못한다. 그는 "쌀값이 오른다, 쌀값이 떨어진다."라고 중얼거리며 죽기 며칠 전까지도 미두 시장을 배회한다. 한때 온 세상을 떠들썩하게 했던 미두왕의 말로는 참으로 비참했다. 그리고 1939년 10월 18일 끝내 그는 사망한다. 그 후 『조선일보』에는 다음과 같은 기사가 보도된다.

> 인천미두가 생긴 이래 세상의 이목을 집중시킨 기미왕으로 한때 그 이름을 떨친 「반지로」도 사십 평생을 기미시장의 조종과 아울러 지난 십팔일 오전 여덟시에 세상을 떠났다. (…) 그런데 세상을 떠나는 그가 기미시장과 같이 떠나게 되니 그와 기미시장과의 인연은 주검까지

도 하게 된 셈이다.

–『조선일보』, 1939년 10월23일

공교롭게도 그가 죽고 얼마 뒤 미두시장은 영원히 문을 닫게 된다. 미두시장은 그에게 '인연'인 동시에 '악연'이었던 것이다.

반복되는 '대박'의 꿈

1900년대 초반은 자본주의 유입과 일제강점기의 구조적 수탈, 그리고 시대의 어두운 그림자로 인한 심리적 허무가 한데 엮여 인간들의 '한탕주의'적 욕망으로 배출되고 있었다. 하지만 조선인들에게는 말 그대로 '한바탕 꿈' 혹은 '신기루'일 뿐 실제적인 꿈의 실현으로 연결될 수가 없었다. 그리고 이런 헛된 꿈은 하층민들만 꿈꾸는 신기루도 아니었다. 오히려 당시 부를 거머쥐고 있었던 부자들과 지방의 유지들마저도 미두장에서 '손에 쥐고 있던 떡'을 잃기도 했던 것이다.

하지만 미두에 빠져 대박을 꿈꾸며 미두장을 어슬렁거리고 미두를 위해 사기를 치고 돈을 훔치는 당시의 모습들, 절망의 나락으로 떨어져 자살을 시도하는 모습들 등. 이런 모습이 어쩐지 낯설지 않다. 신기하게도 '한 방'의 꿈을 가지고 도박을 하고 주식을 하는 현재 사람들의 모습과 무척이나 닮아 있다. 현재의 상

황을 손쉽게 뛰어 넘어 가려는 사람들의 헛된 욕망은 그 모습만 달리해서 반복적으로 생산되고 있는 것이다. 더군다나 그 욕망은 밝은 곳보다는 어두운 곳에서 더 잘 드러나는 법이다. 우리는 어떤 시대적 배경과 아픔 때문에 또 다른 한탕주의를 꿈꾸며 욕망을 분출하고 있는 것일까?

時計

조선 풍속기, 셋

신풍속의 탄생

족두리에서 면사포까지, 근대의 새로운 혼인풍경

이영수

조혼과 새로운 혼인의 모색

"우리 결혼하자."

연인으로부터 이 한마디가 담긴 청혼을 받는 순간(혹은 하는 순간), 남자와 여자의 머릿속에는 그동안 서로가 함께해 왔던 모든 시간이 주마등처럼 스쳐지나갈 것이다. 우연이건 누군가의 소개건 남자와 여자가 자연스럽게 만나 서로 사랑을 확인하고 더 이상 서로 떨어져서 못 살 것 같은 순간이 온다면, 어느 한쪽의 청혼으로 그리고 그 청혼을 승낙하는 것으로 남자와 여자의 결혼은 시작된다. 물론 결혼은 둘만의 문제가 아니라 이 외에도 생각해야 할 것이 많지만 오늘날 대개의 결혼은 이런 식으로 진행된다는 것에 의문을 가지는 사람은 없을 것 같다.

여기서의 포인트는 남자와 여자가 자연스레 만나 사랑의 감정을 느낀 후에야 결혼이 진행된다는 것. 결혼할 당사자들의 의견이 우선시된다. 간혹 드라마 〈시크릿 가든〉의 주인공인 김주원과 길라임처럼 어머니의 반대에 부딪쳐 갈등을 빚는 경우도

있기는 하지만, 이런 경우는 극히 드물고 대부분은 연애를 통해 결혼까지 도달하는 과정을 거친다. 그래서 요즘은 중매결혼이라는 말을 듣기가 어렵게 되었다.

이제 혼인에 대한 시각을 조금 과거로 돌려보자. 조우趙宇는 1920년 6월 22일자 『동아일보』에 실린 「조혼의 폐해와 그 책임자」라는 글에서 '지금 우리 조선의 혼인하는 상태를 관찰하면 참으로 말할 수 없이 참혹한 지경이요 볼 수 없이 비열한 광경'이라고 표현한다. '문벌귀족을 중심으로 시작된 조혼의 악습과 폐속이 전사회적으로 풍미하고 전민족을 감염시켜, 지금에 이르러서는 문벌과 귀천의 구별 없이 모든 사람들이 너도나도 조혼을 행하게 되었다'고 한다. 이렇게 결혼한 아이들이 어찌 행복하겠느냐고 하면서 조혼의 악습을 폐지하자고 주장한다.

> 남녀를 물론하고 십 세 이상만 되면 그들의 부모들은 소위 재미를 본다는 무서운 구실 아래에 천진난만한 어린 아이들을 상투를 틀리고 여자에게는 쪽을 찌인 후에 노랑저고리 다홍치마를 입히어 마치 장난감 같은 부부를 만들어 놓코 그런 후에는 하루바삐 자식 낳기를 바라는 세계에 드문 악풍이 있음은 실로 식자의 개탄하는 바이더니
> – 『동아일보』, 1922년 3월 8일

앞의 글은 『동아일보』에 보도된 「근래 유행되는 조혼열」에 관한 기사의 내용 일부이다. '인생의 재미'를 하루라도 일찍 보고자 애쓰는 부모들로 인해 아직 젖내가 나는 어린 자녀들이 혼인을 강요당하고 있다는 내용이다. 이런 악풍은 소위 삼강이라는 유교 도덕을 오해한 부모들이 자식을 소유물처럼 인식한 결과에서 비롯된 것이다. 산과 들로 놀러 다녀야 할 철부지 어린 아이들이 부모의 욕심 때문에 좋든 싫든 간에 어른이 되어야 했고, 어른으로 행세할 수밖에 없었다. 부모에 의해 '마치 장난감 같은 부부'가 된 아이들은 그들에게 손주를 안겨줌으로써 인생의 낙을 맛보게 하는, 부모를 위한 기쁨조와 다를 바 없었던 것이다.

이런 문제점 때문에 조혼 문제를 해결하기 위한 다양한 방안이 여러 사람에 의해 제시되었음에도 불구하고 1930년대에도 여전히 조혼은 성행하였다. 유교적인 사고가 강하게 남아있던 식민지 사회에서 조혼 문제를 해결하는 것은 어찌 보면 거의 기대할 수 없는 일이었는지도 모른다. 1939년 9월 27일자 『동아일보』의 「결혼의 적령기」에서 당시 인구조사를 한 결과에 의하면 12세부터 23세 사이에 결혼한 사람들이 많았다고 한다. 즉 요즘으로 생각해 보자면 일제강점기에는 중학교에 다니거나 졸업할 나이에 혼인을 하는 일이 비일비재했던 것이다. 속된 말로 '머리에 피도 안 마른 어린 녀석'이 부모의 욕심에 따라 어른이 될 수 밖에 없었던 것이다. 일제강점기 신문과 잡지에서는 조혼의 폐해에 대한 논의가 지속적으로 등장하고 있다. 이것은 역설적으로 조혼 풍습이 조선 사회 내부에 깊숙하게 뿌리내리고 있었음을 보여주는 것이다.

이처럼 당시 만연했던 조혼 풍습은 봉건적인 유교 전통에 기반을 둔 '전근대적'인 것으로 인식되어 타파해야 할 대상으로 여겼다. 통상적인 관행에 따라 행해지던 조혼을 폐지하자는 주장은 전통 혼례의 근간을 부정하며 새로운 형태의 혼인방안을 모색하게 되는 계기가 된다.

> 혼인은 자유로 하여라 하는 울림이 들어온 후로부터 어른 아이 할 것 없이 다 혼인은 내 마음대로 하겠소 하고 떠들게 되었다. 아직 어린 남녀들은 장차 혼인을 내 마음대로 하겠다 하며 임의혼인한 사람들은 임의혼인은 강제혼인이니까 생전의 자유결혼을 한 번 해보겠노라고 떠들게 되었다.
>
> – 『동아일보』, 1925년 11월 6일

위의 글은 『동아일보』에 보도되었던 「청년남녀의 부르짖는 자유결혼에 대하야」라는 기사 일부를 인용한 것이다. 당시 신교육을 받은 청춘남녀를 중심으로 하여 부모에 의해 주도되는 혼담에 반기를 들게 된 사회 상황을 보여준다. 이때는 자신의 의지에 따라 혼처를 정하고자 하였으며, 유교식으로 거행되던 혼례식을 구식으로 규정하고는 서구식의 '예배당 혼인'을 선호하게 된다. 이때 혼인 잔치는 피로연으로 대체되고 새롭게 신혼여행이 등장한다. 외부에서 유입된 근대적 문물과 서구식 사상, 제도 등이 조선의 혼례에 영향을 미쳐 새로운 문화 전통을 만들었던 것이다.

『조선일보』, 1939년 1월 1일

하지만 이런 분위기였다고 해서 전통적으로 거행되어 오던 혼인관행이 모두 사라진 것은 아니다. 『동아일보』와 『조선중앙일보』, 『신시대』 등의 매체에는 궁합이 맞지 않아 파혼하는 사례가 심심치 않게 등장한다. 그리고 관행에 따라 여전히 택일을 하고 궁합을 보는 모습이 보인다. 당시 지식인들은 택일과 궁합을 미신처럼 여겨 폐지할 것을 주장하지만 현실적으로 이런 관행을 없애기에는 역부족이었음을 당시의 신문 잡지의 기사를 통해 확인할 수 있다. 이렇게 볼 때 오늘날 우리 사회에서 거행되고 있는 혼례문화는 머나먼 옛날부터 시작된 전통의 것이라기 보다는 일제강점기를 거치면서 정립된 것이라고 보면 될 것 같다. 이 글에서는 일제강점기에 새롭게 들어와 조선의 혼례문화로 정착하게 된 연애와 새로운 혼례식, 피로연 그리고 신혼여행에 초점을 맞춰 이야기를 진행해 볼까 한다.

혼인의 새로운 대안, 연애

1899년 7월 20일자 『독립신문』에는 조혼하는 악습이 사람에게 극히 해로운 것은 이루 말할 수 없다고 강조하면서 이렇게 조혼한 사람들의 경우 열에 여덟아홉은 부부 사이가 좋지 못하다는 논지를 펼친다. 그러면서 이상적 혼인형태로 서양의 풍습을 소개하고 있다. 서양에서는 혼인한 부부끼리 서로 사랑하고 서로 공경하여 세상을 떠나기 전까지 조금도 두 마음을 두지 않는데, 이럴 수 있는 이유는 다른 것이 아니라 부부가 될 사람들이 처음부터 각기 자기가 마음에 배필 되기를 즐겨함으로 정혼한 까닭이라고 한다. 즉 누군가가 정해준 것이 아니라 사랑하는 사람과 결혼했기 때문이라는 이야기이다. 또한 혼담이 혼인 당사자의 의견을 존중하는 방식으로 바뀔 필요성이 있음을 역설한다. 이 기사에서 이야기하는 것처럼 당사자가 주체가 되어 혼인에 이르게 되는 것이 바로 우리가 말하는 연애이다. 일제강점기만 해도 '남녀칠세부동석'이라는 유교 윤리가 지배하던 사회였다. 일곱 살만 되면 남녀가 한자리에 같이 앉을 수 없었던 시대에 어찌 연애가 가당키나 했겠는가?

여기에서 우리는 '연애'라는 어휘에 대해 좀 더 알아보아야 할 것 같다. 연애결혼이라는 개념이 없었던 조선 사회에서 연애라는 어휘가 갑자기 생겨났을 리는 없으니 궁금하지 않은가? '연애'라는 어휘는 일본에서 'Love'를 번역하기 위해 고안된 신조어로, 우리나라에서 연애라는 어휘가 본격적으로 등장하기 시작한 것은 1910년대로 추정되고 있다. 이 시기는 일본에서 연애라는 용어가 우여곡절 속에 활발하게 사용되던 때이기도 하다. '사랑'이라는 표현이 연애라는 어휘를 통해 새롭게 부각되면서 유교 윤리가 삶을 지배하는 원칙으로 자리하고 있었던 조선 사

회는 사랑과 혼인을 둘러싼 인식과 관계에 대전환점을 맞이하게 된다.

현재까지 알려진 바로는 조선 사회에서 서구적인 사랑을 의미하는 번역어로써 '연애'가 사용된 것은 조일제의 「쌍옥루」에서부터라고 한다. 「쌍옥루」는 일본 소설인 「나의 죄己が罪」를 번안한 작품으로, 1912년 7월 17일부터 1913년 2월 4일까지 『매일신보』에 전 151회에 걸쳐 연재되었다. 소설의 초반에는 '사랑'과 '연애', 그리고 '편애'라는 어휘가 서로 경쟁하듯이 등장한다. 이는 당시 연애라는 개념이 아직 확고하게 자리 잡지 못했음을 보여주는 것이다. 서구적인 사랑의 방식을 전달하는 용어로 등장한 연애는 전통적인 사유방식으로는 결코 이해하기 어려운 관념이었을 것이다.

1910년대 중반까지만 해도 연애는 여전히 낯설고 생경한 어휘였다. 그러다가 1910년 후반 들어서 연애는 '애愛', '애정愛情', '친애親愛', '상사相思', '사랑' 등의 어휘와 함께 빈번히 사용되기 시작한다. 그에 따라 연애에 대해 관망적인 태도를 보이던 젊은이들이 연애에 적극적인 모습을 보이게 된다. 젊은 남녀가 적극적으로 연애하기 시작하고 연애를 통해 결혼하고자 하는 목소리가 점차 높아지자, 연애결혼을 우려하는 목소리도 여기저기서 들려왔다.

노치생老痴生은 「자유결혼이 가호」(『반도시론』, 1919년 2월)에서 당시 연애가 유행하게 된 것을 문명의 발달과 함께 동경유학생회에서 발행한 『여자계』의 영향 때문인 것으로 보고 있다. 『여자계』는 재일본여자유학생친목회에서 발행한 것으로, 1917년 12월에 창간되어 1920년 6월 통권 5호로 종간된 잡지이다. 이 잡지는 봄, 여름, 겨울 방학을 이용하여 연 3회씩 간행되었다.

노치생은 『여자계』에 자유혼인에 대한 다양한 논의가 게재된 것이 조선에서 연애가 급속도로 퍼지게 된 계기가 되었다고 생각했다. 그는 자유혼인이 주창되는 현실에 대해 우려를 표시하면서 조선에 있어서의 자유결혼은 '인민의 학식'이 충분히 갖추어진 다음에야 가능하다고 한다. 서양은 남녀가 어려서부터 함께 생활하는 데 비해 조선은 남녀칠세부동석이라는 관념이 존재하여 현실적으로 서로 교제할 기회를 갖지 못하는 사회적 상황을 들어가며 조선 사회가 연애를 수용하는 것은 아직 시기상조라는 것이다. 아직 올바른 연애관이 성립되지 못한 상태에서 청춘남녀들이 갑작스레 연애의 관념을 받아들였기에 '목전의 연애로써 탕정蕩情을 남발'하여 여러 가지 문제를 야기한다. 이런 현실을 반영하듯, 노치생은 글의 말미에 만약 부모가 자녀의 자유결혼을 허락했을 때에는 반드시 이혼을 허락하지 말아야 한다

고 말한다. 노치생의 이 글은 1910년대 중후반에 이르면 앞선 시기에 비해 사회적으로 연애에 대한 논의가 폭넓게 전개되었음을 보여준다.

起纏, 「죽은혼인(死婚)과 허튼혼인(亂婚)」, 『신여성』 2권 5호, 1924년 5월

연애가 사회적 통념으로 자리 잡기 시작한 것은 1920년대부터이다. 연애를 우선시하는 사회적 풍토에 우려를 표시한 TS는 「미혼한 여성에게 성, 연애, 결혼에 관하여」(『신여성』 3권 2호)라는 글에서 '필경에 연애라는 그것의 연구도 없이 그저 덮어놓고 연애만 있으면 이상의 결혼'이라고 생각하기에 자유연애에 의한 혼인이 실패할 수밖에 없다고 말한다. 그는 연애라고 하는

것은 미친 듯, 타는 듯이 발동發動하여서는 안 된다고 하면서 사랑이란 연애 과정에서 뿐만 아니라 혼인을 해서 남편과 원만한 가정생활을 영위하면서도 만들어 갈 수 있는 것이라고 한다. 오히려 열광적인 사랑은 혼인과 더불어 식을 수 있기 때문에 결코 사랑은 혼인의 전제조건이 아니라고 말한다.

혼인은 개인의 자유의사에 맡겨야

1920년대에 접어들면서 부모끼리 혼담이 오고가서 강제로 혼인하게 되는 상황을 비판하고 자유연애와 자유혼인을 옹호하는 목소리가 도시를 중심으로 높아졌다. 즉 조선에서 연애에 대한 사고가 사회적으로 널리 확산되기까지는 일정한 시일을 필요로 했던 것이다. 연애의 등장은 혼인하는 방식을 두고 부모와 자식세대 간에 서로 대립하게 되는 갈등의 요소가 된다.

1924년 『동아일보』에는 혼인과 관련하여 두 가지의 충격적인 사건이 보도된다. 첫째는 1월 5일 「신부의 임의결혼으로」라는 제목으로 정차숙과 박평길의 임의 혼인에 관한 것이고, 둘째는 8월 20일 「강제결혼의 반기」라는 제목으로 딸의 의견을 묻지도 않고서 부모가 정한 혼인이 깨진 일에 관한 것이다. 과연 어떤 일이 있었기에 신문에까지 등장했을까?

먼저 전자의 기사에 등장하는 정차숙은 전라남도 담양군 남

면 지곡리에 살던 양반집의 규수로 학교 교육을 받지 못한 19세의 아가씨였다. 어느 날 정차숙의 부모는 딸이 어떤 생각을 가지고 있는지 의견을 묻지도 않고 마음대로 혼처를 구한다. 그러자 정차숙은 평소에 사귀고 있던 박평길과 부모 몰래 신식혼인을 올리고 집안 친척들에게 이 사실을 통보하다시피 알린다. 요즘 시대에도 딸이 이런 결정을 하면 집안이 한바탕 뒤집어질 판인데 당시에는 오죽했을까? 정차숙의 집안에서는 부모 모르게 혼인하였다고 해서 난리가 난다. 정씨 문중에서 신랑 신부를 때려죽이겠다고 하여 부부가 경상도 어느 곳으로 도망갔다고 하는 내용이 기사에 실려 있다.

이제 후자의 기사를 한번 들여다보자. 이번 기사의 주인공은 서울에 사는 20세의 여성 김정숙이다. 그녀 역시 자신의 의사와 상관없이 부모가 마음대로 혼처를 정하여 마음에도 없는 사람과 혼인할 위기에 놓인다. 그래서 그녀는 신랑이 될 전교환에게 혼인할 뜻이 없음을 밝히지만, 이런 적극적으로 의사를 표시했음에도 불구하고 김정숙의 의사를 무시한 채 두 집안에서는 혼례를 준비한다. 결국 김정숙은 부모 몰래 대구로 내려갔고 그곳에서 교편을 잡아 생활하는데, 결국 그녀의 거처를 알게 된 부모에 의해 김정숙은 강제로 서울로 끌려오게 된다. 하지만 혼인할 생각이 없었던 그녀는 끝까지 버텨서 결국에는 전교환과 파혼에 이르게 되었다는 내용이다.

당시 『동아일보』에는 이런 혼인 당사자의 행동을 두고 갑론을박하는 독자들의 논쟁이 실려 있다. 크게 세 가지 유형으로 나누어 볼 수 있겠는데, 첫째는 부모끼리 혼담이 오가고 배우자를 정해주는 것을 봉건적인 인습의 하나라고 비판하는 입장이다. 둘째는 기존의 강제결혼을 비판하면서 동시에 젊은 세대에 대해서도 혼인에 있어 책임 있는 행동을 요구하는 태도를 보이는 절충적 입장이다. 셋째는 기존의 전통을 옹호하고 당시에 유행처럼 번지던 자유연애에 대해 반대하는 입장이다. 어찌됐든 위의 두 사건은 연애에 대한 사고를 좀 더 공고히 하는 계기가 되었던 것으로 보인다. 또한 혼인은 자유의지에 따라야 한다는 여론이 어느 정도 형성되었음에도 불구하고 일상에서는 여전히 재래적 관습에 따라 중매에 의한 혼인이 이루어졌음을 보여주는 사례이기도 하다.

1928년 『별건곤』에 남녀대토론이라는 제목으로 「자녀결혼에 간섭을 할가 자유로 둘가」라는 글이 수록되어 있다. 신申알베트는 '간섭편'에서 "사회제도와 가정제도가 완전하게 개선이 되지 못한 때에 청춘의 남녀가 아무 이해와 각오가 없이 다만 시대풍조에 따라 일시적 기분이나 감정에 끌리어서 소위 자유연애니 자유결혼이니 하고 자기네끼리 결혼을 한다면 그 가정이 과연 얼마나 원만한 가정이 되"겠느냐고 반문하면서 연애에 의한 혼인의 당위성을 부정한다. 이에 비해 신흥우申興雨는 '방임편'에서 "결혼은 개인의 생명 내지 인격적 결합인즉 제삼자로 내용에까지 깊히 들어가 간섭할 바 아니라고 생각한다."고 한다. 또 다른 '방임편'을 주장한 이돈화李敦化는 "이것은 마치 배고플 때에 내가 음식은 먹고 싶은데 부모의 간섭이 없으면 자기 비위에 당기는 맛있는 것도 먹지 못하리라는 것과 동일한 문제"라고 하면서 부모가 간섭하는 것은 옳지 못하다고 말한다.

1928년 『신가정』의 「연애결혼이혼문제대좌담회」에서 사회를 맡은 주요섭은 "결혼난의 한 계책으로는 교제할 기회를 주는 것이 옳을까요, 중매하는 것이 좋을까요?"라는 질문을 던진다. 이에 당시 이화교감으로 재직하던 김창제金昶濟는 연애와 중매를 절충하는 방식을 제시한다. 그런데 이 절충안이라는 것을 들어보면 당시 연애결혼을 지향하던 젊은 남녀의 반발을 불러일으킬 수도 있을 것 같다. 그를 비롯하여 좌담회에 참석한 사람들이 생각하는 절충식은 부모가 먼저 적당한 배우자를 고르고 서로 교제하는 시간을 준 다음 혼인 여부는 자식들의 의사에 맡기자는 내용이다. 즉 1차적인 배우자 후보는 부모가 골라줌으로써 부모 세대가 생각하는 절충안은 여전히 부모 위주의 혼인 형태를 지향하고 있음을 알 수 있다. 그때까지 쭉 이어져 온 전통적 혼례관행을 단기간에 변화시키는 것은 매우 어려운 일이었을 것이다. 다만, 여기서 주목할 점은 혼인에 있어 자식의 의사를 존중해야 한다는 것이 당시 시대적 흐름이었다는 것이다.

예배당에서 거행되는 혼례식

전통 혼례를 재현하는 행사에서 보았든 책에서 보았든, 어쨌든 전통 혼례식을 한번 떠올려 보자. 전통적인 혼례식은 족두리에 원삼을 입은 신부와 사모관대를 차려입은 신랑이 서로 절하며 일생을 함께할 것을 맹세하는 의식이다. 이런 전통적인 유교식 혼례를 구식혼인이라 불렀다. 물론 본래부터 '구식혼인'이었던 것은 아니었으나, 서양의 혼례문화가 들어오면서 그것을 '신식혼인'이라고 부른 것에서 비롯된 것이다. 당시 구식혼인은 경제적으로 비용이 많이 든다는 이유로 기피한다. 대신 간편하고 경제적인 서양의 혼례식을 선호하게 된 것이다.

조선에서 신식혼인은 1880년대 후반부터 거행된 것으로 보인다. 1888년 3월에 정동교회에서 아펜젤러가 감리교 신자의 주례를 맡아 혼례를 이끌었고, 1890년 2월에는 그의 부인인 노盧씨가 남신도 강신성과 여신도 박신실의 주례를 맡아 혼례를 올렸다. 이때 신랑은 사모관대를 하였고 신부는 족두리를 쓰고 활옷을 입었으며 얼굴에는 연지곤지를 찍었다. 그리고 1892년 가을 이화학당 학생 황메례와 배재학당 황 씨가 기독교식으로 혼례를 올렸다. 신랑은 프록코트에 예모를 쓰고 신부는 면사포를 썼다. 초창기 신식혼인은 예배당에서 기독교식으로 거행된 '예배당 혼인'을 말한다.

당시 거행된 '예배당 혼인'의 모습을 「자유결혼식장순례기(일)」(『별건곤』, 1926년)라는 글 속에서 간추려 표현해 보면 다음과 같다. 이 글을 쓴 이는 웻딩테불생으로, 의인화를 통해 당시 세태를 풍자하고 있다.

> 1919년, 봄이 한창인 어느 날이다. 먼저 큰 예배당 안에 하객과 목사가 입장한다. 그리고 자동차를 타고 온 신랑 신부가 예배당 앞에서 내리는데, 두 사람의 모습을 보자면 신랑은 조선옷 대신에 양복을 입고 신부는 낭자족두리 대신에 베일面紗을 썼다. 신랑이 먼저 예배당 안으로 입장하고 이어서 어린 아이가 신부에 앞서서 꽃을 들고 들어온다. 신부는 풍금소리에 맞춰 최대한 천천히 걸어 15분 내지 25분이 걸려서 주례 앞에 도착한다. 신부가 입장할 때는 축하의 뜻으로 찬송가를 부른다. 신랑 신부가 주례 앞에 서면 주례는 "하나님이 천지만물을 창조하시고 자기와 같은 형상으로 한 사나이를 만들어 이름을

아담이라 하며 그의 자는 틈을 타서 왼쪽 갈빗대 한 개를 뽑아 여자를 만드시니 그 이름은 이화(?)라고" 하면서 성경 봉독을 한다. 이어 "신랑이여! 신부가 성하든지 병들든지 행복하든지 불행하든지 끊임없이 사랑하기를 맹세하시요? '네'라 하시요 '네!'"하고 혼인서약을 한다. 이어서 신랑이 신부에게 반지를 주는데 그것도 그냥 주는 것이 아니라 엄숙하게 신부의 손을 붙잡아다가 자기의 손으로 끼워준다. 반지 교환이 끝나면 주례는 두 사람이 부부가 되었음을 선언한다. 이런 과정으로 식이 끝나면 신랑 신부는 자동차를 타고 단거리 신혼여행을 떠난다.

崔永秀 만화 「經濟的인 '新婦'」, 『朝光』, 1939년 2월호

웻딩테불생이 바라본 조선의 혼례는 마치 신부가 서양 사람에게 시집가는 형상이었던 것 같다. “조선옷 대신에 양복을 입고 낭자족두리 대신에 베일面紗를 쓰고 성례를 례로 하지 않고 금반지로 하고 수모중매 대신에 들러리(?)목사 친구들이 하고 색떡밥소태 대신에 명월관 식도원 무슨루 무슨 식당에서 하고 사인교 대신에 자동차로 하”는 것은 일본사람과 서양사람을 흉내 낸 것이라고 비판한다. 웻딩테불생의 눈에 비친 당시 조선의 혼례는 동서양의 형식이 뒤섞인 정체불명의 예식이었던 것이다.

이렇게 1920년대 중반까지 ‘예배당 혼인’을 거행한 사람들 중에는 기독교 신자보다 비신자인 경우가 더 많았다. 1925년 11월 17일자 『동아일보』에 실린 기사 「대개는 형식에 불과한 소위 신식결혼식」에서는 당시 비신자들의 기독교식 혼례에 대해 “큰 예배당에서 유명한 목사 아래 혼인식을 하는 것이 외형적으로는 거룩해 보이고 신성해 보일는지 모르나 신랑 신부 그 당자가 종교적 의식이 없으면 그것은 일종의 허위적 행동”이라고 비판한다. 즉 비신자의 ‘예배당 혼인’은 단지 의식을 흉내 낸 것이기에 종교적 진정성이 없는, 신성함을 가장한 위선적 행동이라는 것이다. 혼례에 있어 내실을 기하는 것이 바람직하다는 지적에도 불구하고 외형에 치우친 혼례식을 거행하였다는 것은 당시 ‘예배당 혼인'이 대세였음을 미루어 짐작할 수 있다.

1920년대는 '예배당 혼인'의 예식절차에 대한 부당함을 지적하면서 꾸준히 새로운 방식의 혼례식을 탐구하게 된다. 사회적 공감대를 형성하여 제정된 혼례식이 바로 계명구락부식이다. 계명구락부식은 사회식 혼인을 대표하는 양식으로, 1931년 제28회 정기총회에서 의결된다. 계명구락부식 예식절차를 정리하면 다음과 같다.

1. 친척 급 내빈착석 2. 개식사 3. 신랑신부입장 4. 신랑신부경례 5. 고천告天-사례司禮가 고천문을 낭독함 6. 예물증정 7. 혼인의 완성을 고함 8. 내빈축사 9. 신랑신부가 일동에 경례 10. 신랑신부퇴장 11. 친척상견례-별실(혹 혼례식장)에 신랑신부가 신랑부모와 신부부모에게 최경례最敬禮를 행함

계명구락부식 혼례는 박승빈이 창안한 것으로, "재래의 구식 형식만 혼란스럽게 갖추고 내용이 없으면서 공연한 비용만 많이 들인다든가 또 종교의 신도가 아니면서 교회식으로 한다든가 하는 것은 크나큰 모순이" 있기에 되도록이면 종교적인 색채를 배제한 것이다. 계명구락부식 혼례가 결정된 것은 1931년

이지만, 이러한 논의는 이전부터 있어 왔다. 1925년 5월 28일에 결혼한 사람 중에는 그 의식은 박승빈朴勝彬 씨 외 유지가 모이는 계명구락부에서 제정한 것을 따랐다고 한다. 계명구락부식 혼례는 1925년 이전부터 논의되어 왔으며, 1930년대에 이르러 사회적 혼례로 어느 정도 자리를 잡은 것으로 보인다.

오늘날과 같이 예식장에서 혼례식을 거행한 것은 1930년대 후반이다. 1940년 4월 5일 『동아일보』에 의하면, 문명文明 예식부를 비롯하여 10여 개의 예식부가 서울에서 성업 중이라고 했다. 예식부 자체보다도 예식부가 꾸며 놓은 결혼식장이 아름답다고 하여 당시 성업 중인 예식부가 오늘날의 예식장과 같은 구실을 하였음을 알 수 있다.

혼인잔치 대신에 피로연

전통 혼례에서 예식이 끝나고 거행되던 혼인잔치는 일제강점기에 피로연이라는 이름으로 대체된다. 피로연이 일본에서 유입된 문화이니, 일본의 피로연 문화를 간단하게나마 살펴보아야 할 것 같다.

일본에서는 메이지 시대 이후에 신도식 결혼이 유행하면서 결혼식보다 친구와 친지 앞에서 혼인을 공인 받게 되는 과정의 하나인 피로연을 더 중요하게 여긴다. 일본에서 넓은 의미의 혼례식은 식과 피로연으로 이루어진다. 식장에는 양가 가족들만 참석하고, 이 식이 끝나면 피로연장으로 이동한다. 피로연에는 초대장을 받은 사람만이 참석하게 된다. 초대장을 받은 사람은 당사자에게 참석여부를 통보하며, 50에서 100여 명 내외의 가까운 친지나 친구, 동료들이 참석한다. 피로연은 나코도(결혼 중매인)를 중심으로 진행되는데 인사와 연회를 위주로 한다. 식사를 하는 동안 사회자가 자리를 분위기를 즐겁게 띄우기 위해 흥을 돋우면 하객은 신랑 신부와 관련된 에피소드를 이야기한다. 그리고 식사가 끝나면 가족 대표가 하객들에게 감사의 인사를 드리는 것으로 피로연이 끝나는 것이다.

이러한 피로연이 언제부터 조선의 혼례식에 수용되었는지 그 정확한 시기를 가늠할 수는 없다. 다만 1920년대 중후반 『조선일보』와 『동아일보』에 피로연의 폐단에 관한 기사와 사설이 등장하는 것으로 보아 1920년대는 이미 조선의 혼례문화에서 피로연이 보편화되지 않았을까 짐작하게 한다. 그런데 실생활에서 행해진 피로연은 위에서 간략히 알아본 일본식 피로연과는 거리가 먼 것임을 당시의 기사 「혼인잔치」를 통해 확인할 수 있다.

> 혼인잔치라면 이웃집 하인 등속이 모다와서 한밥먹든 그 관습을 요사이 신식혼인에도 볼 수가 있다. 피로연

> 이 어떤 요리집에 개최가 된다면 내빈의 수효대로 주문하여 두었으나 구경왔든 행랑사람들까지 한자리씩 차지한다. (…) 초대를 받고 피로연에 가게 되는 때는 적어도 관계없는 사람은 끌고가지 말 것이다. 혼인집 국수 한 그릇은 누구나 먹을 수 있다함도 이왕 구식혼인하는 가정안에서 쓰는 말이다 요리집에는 부엌구석이나 마루끝에서 하인들 국수먹일 수가 없는 것이다.
>
> – 『조선일보』, 1927년 6월 27일

위의 인용문를 통해서 당시 일부 지식인들을 제외한 대다수 사람들이 피로연에 대한 개념이 전무했음을 알 수 있다. 일반 사람들에게 있어서 피로연은 혼인잔치의 별칭에 불과했던 것이다. "적어도 관계없는 사람은 끌고가지 말 것"을 당부하는 것으로 보아, 일본에서 열린 결혼 피로연과 달리 조선에서는 혼인과 직접적으로 관련이 없는 사람들이 피로연에 참석하는 일이 비일비재했음을 알 수 있다.

혼인의례에 있어 잔치는 그 무엇보다도 중요하다. 오죽하면 혼례를 치르는 집을 잔칫집이라고 불렀겠는가? 혼인이 있으면 마을 사람들은 일손을 놓고 신명나게 한바탕 잔치판을 벌인다. 그리고 내 일처럼 신랑 신부를 축하한다. 상황이 이렇다 보니 신랑 신부가 초대한 사람보다 너무 많은 하객들이 참석하여 낭패를 보는 일이 심심찮게 일어났던 것이다.

> 우리 혼인날에는 일기가 몹시도 추웠습니다. 이상에 말한 바에 의하여 피로연도 특히 간략하게 하라 하여 양가에서 모두 초대장을 내지 않고 다만 친근한 사람들만 입으로 또는 몸으로 청하여 약 100명의 손님을 예상하였으나 연석에는 칠팔십명이나 더와서 그 부족한 것을 포용하느라고 약 1시간동안이나 손님께 기다리게 하여 모진 추위에 욕을 보게 함으로 훌륭한 실패이었습니다. 지금도 오히려 미안한 생각이 사라지지 않이 하였습니다.
>
> – 『매일신보』, 1928년 4월 15일

위의 인용문은 당시 「결혼공개내용(3)」이라는 기사의 일부이다. 신랑 신부는 혼례일 당일의 날씨와 자신들의 경제적 여건 등을 고려하여 하객의 수를 100명 내외로 제한하고자 했다. 그런데 초대를 받지 않은 사람들이 70~80명이나 참석하여 음식이 부족하여 곤란을 겪었다는 것이다. 혼인 당사자는 자신의 피로연에 대해 모진 추위 속에 1시간씩 손님을 기다리게 하여 지금도 오히려 미안한 마음이 사라지지 않는다고 하면서 자조 섞인 목소리로 말하고 있다. 혼례에 초대받지 못한 사람의 피로연 참석은 신랑 신부 양가에 경제적인 부담일 뿐만 아니라 정신적으로도 상당한 고통을 수반하였던 것이다. 이러한 조선의 현실을 감안하여 피로연을 폐지하거나 축소하자는 주장이 제기되기도 하였다.

신문과 잡지에서는 피로연을 허례허식의 하나로 규정하고 이의 개선과 폐지를 주장한다. 그럼에도 불구하고 체면을 중시하는 우리 사회에서 피로연의 행태는 시간이 경과해도 변하지 않았다. 1940년 건전하고 명랑한 전시생활체제를 건설할 목적으로 정신총동원조선연맹에서 만든 「전시결혼신체제독본」에 따르면, "피로연은 식후 수일이 지난 후에 범위를 가족 또는 근친자에 한하고 음식도 간소하게 다과정도로 행"할 것을 권고한다. 이러한 권고에도 불구하고 여전히 피로연에는 많은 손님이 초대되고 거하게 음식을 차려냈다. 다과 정도를 제공하는 선에서 피로연을 끝내고자 하는 권고가 수용되기 어려웠던 것은 잔치를 성대히 거행하는 것을 미덕으로 생각하는 사회적 풍토 때문이다. 예나 지금이나 남의 눈을 의식하면서 살아갈 수밖에 없는, 체면을 중시하는 우리 사회에서 피로연을 검소하게 치른다는 것은 생각만큼 쉬운 일이 아니었던 것이다.

오늘날 피로연은 혼인예식의 한 절차로 인식되고 있다.

1997년 한국소비자보호원의 조사결과에 의하면, 결혼피로연의 필요성에 대한 질문은 5점 만점에 3.64점을 받았다. 그리고 피로연에 대해 전반적인 생각은 '피로연은 푸짐하고 고급스러운 것이 좋다.', '식사 때가 아니더라도 피로연은 필요하다.', '피로연은 축의금에 대한 보상이다.' 등으로 다양하였다. 이처럼 현대의 피로연은 혼인을 축하하고 서로 친목을 도모하면서 공동체적 결속감을 확인하는 전통혼례의 상징적 의미는 희박해졌고, 축의금에 대한 금전적 답례의 의미가 지배적이다.

신혼여행은 시집살이의 낙樂

오늘날 신혼여행은 혼례식이 끝나면 당연히 가는 것으로 생각하지만, 19세기 이전까지는 서구에서도 신혼여행에 대한 개념이 없었다. 간혹 왕실이나 귀족들이 혼례식을 마치고 여행을 갔다는 기록은 있지만 정식으로 절차가 마련되고 의식적으로 추구된 적은 없다. 1840년대에 이르러서야 상류계층에 의해서 신혼여행이 시작되었으며, 19세기 말에 이르러 서구에서 신혼여행이 본격화되었다고 한다. 이러한 신혼여행이 일본을 경유해서 조선에 들어왔다. 신혼여행 역시 연애와 마찬가지로 외부에서 유입된 개념인 것이다.

전통사회에서 고부간의 관계는 '시어머니의 명령에 대한 며

느리의 절대적인 순종'으로 요약해 볼 수 있다. 우리 속담에 '귀머거리 삼년, 장님 삼년, 벙어리 삼년'이라는 말이 있다. 여자가 시집을 가면 하고 싶은 말이 있어도 하지 말고, 보고서도 못 본 체하며, 듣고도 못 들은 척하라는 것이다. 그만큼 여자의 시집살이가 힘들고 고된 일이었음을 의미한다.

雲坡生, 「시집사리(公開狀)」, 『家庭の友』, 1939년 11월호

박수해는 「신혼여행의 필요」(『매일신보』, 1926년 10월 24

일)라는 글에서 '신혼여행의 회상'이 시집살이를 하는 데 있어 도움이 된다고 한다. 절대적인 권위를 가진 시어머니 앞에서 주눅들 수밖에 없는 신부에게 정서적으로 위안을 줄 수 있는 것이 바로 신혼여행이라는 것이다. 그런데 "이런 것도 모르는 남자는 신혼여행 같은 생각도 아니하고 처음부터 신부를 자기가족들과 같이 생활하도록" 한다. 박수해는 신혼여행을 무시하고 시가로 들어가는 행동을 가정의 평화를 파괴하는 첫 번째 동기로 보았다. 그래서 신혼여행은 꼭 필요하다고 한다. 다만 "신혼여행에 하인을 데리고 출발하는 것은 절대로 불가한 일이"라고 못 박는다. 둘만의 오붓한 시간을 가질 것을 권하는 것이다. 하지만 당시의 현실은 생각만큼 그리 녹록하지 않았던 모양이다.

당시 신문에 연재되었던 「결혼내용공개-장차 결혼할 분들을 위하야 여섯가지의 회답-」(『매일신보』, 1928년)에서 '신혼여행 어디로 갔는가'라는 질문에 대답한 사람들 모두 신혼여행을 다녀오지 못했다고 말한다. 남자들의 경우 경제력에 상관없이 신혼여행의 필요성을 인식하지 못하는 경우가 많았다. 1928년 5월 8일자 『동아일보』에는 호기롭게 신혼여행을 하던 차에 돈이 떨어지자 신랑이 아내를 창기로 팔아넘기려 했다가 철창신세를 지게 된 어이없는 사연이 보도되기도 하였다. 이처럼 1920년대에는 신혼여행이 보편적인 현상은 아니었으며 필요에 의해 일부

사람들이 떠났던 것으로 보인다.

1930년대는 보다 많은 사람들이 신혼여행을 다녀오게 되었던 것 같다. 당시 여러 매체의 기사를 통해 확인해 볼 수 있는데, 「결혼준비의 주의점 12조」(『신가정』, 1932년)에서 "식후에 즉시 신혼여행을 가게 되는 경우에는 그 필요한 물건과 화장품 등을 미리 준비해 둘 것"을 당부한다. 또한 「결혼일년이동좌담회」(『여성』, 1938년)를 보면, '신혼여행은?'이란 질문에 좌담회에 참석한 6명의 여성 중에서 4명이 신혼여행을 다녀왔다고 대답한다. 신혼여행지로는 '배천온천과 온양온천'을 꼽았으며, 여행기간은 3일이었다. 나머지 2명은 "신혼여행 갈 틈을 갖지" 못해서, "혼인 첫날에 여행하는 것을 어른들이 찬성하지 않"은 이유로 신혼여행을 다녀오지 못했다고 한다. 앞의 1928년 『매일신보』의 글과 비교해 보면 큰 차이가 있음을 알 수 있다. 이렇게 많은 사람들이 신혼여행을 떠나고, 혼례문화의 일부로 서서히 정착하게 되자 신혼여행을 가지 못함이 오히려 박탈감을 주었던 모양이다. 1937년 7월 13일자 『동아일보』에는 신혼여행을 가지 못하게 한 아버지에게 음독자살로 맞선 아들의 이야기가 기사화되기도 하였다.

신혼여행지로는 온천이 각광을 받게 되고, 드문 경우이긴 하지만 경우에 따라서는 외국으로 여행을 다녀오기도 하였다. 신혼여행을 온천으로 가는 것은 숙박시설이 잘 갖추어져 있는 곳에서 휴식을 취하고자 하는 측면이 강했다고 보면 된다. 신혼여행에서 무엇을 했는가에 대해 대부분의 응답자들이 “그저 쉬고 놀았다.”고 대답한 것을 보면 당시 신혼여행은 장래의 가정생활에 대한 계획과 고단한 시집살이에 위안이 될 만한 추억을 만드는 여행이었던 것이다.

우리나라에서 지금처럼 일반적으로 신혼여행이 보편화된 것은 1970년대 이후이다. 1960년대까지는 혼례식을 마치면 남산을 한 바퀴 돌거나 가까운 곳에 가서 1박 하는 정도가 신혼여행의 전부였다. 그러던 것이 1970년대 예식장에서의 혼인이 일반화되면서 ‘경주, 설악산, 제주도’ 등으로 신혼여행을 떠났다. 최근에는 국내보다 외국으로 신혼여행을 떠나는 사람들이 더 많아졌다. 즉 오늘날 혼례식을 마치고 짧은 신혼여행 기간 없이 곧바로 남편과 아내라는 결혼관계로 돌입하는 것은 생각할 수도 없는 일이 되었다. 신혼여행이 혼례식의 마지막 절차로 인식되고 있다는 점에서 신혼여행이 우리 혼인관행의 하나로 자리매김하였음을 알 수 있다.

지금까지 우리나라의 혼례문화가 어떻게 변모되었는가를 살펴보았다. 길고 다양한 이야기를 정신없이 풀어낸 것 같아서 마지막으로 근대의 우리 혼례문화를 조금 정리해 보려고 한다.

19세기 후반 개항과 함께 수용된 기독교와 일제의 식민지 정책은 일생의례의 하나인 혼례에 영향을 미치게 된다. 자유연애사상이 전파되자 부모에 의해 강제적으로 거행되던 혼인에 반기를 들고 사랑을 기반으로 하는 연애혼인을 주창한다. 이것은 혼례식에도 영향을 미쳐 유교식 혼례를 구식으로 규정하고 기피한 채 예배당에서 기독교식으로 올리는 신식혼례를 선호하게 된다. 그런데 비신자가 예배당에서 혼례를 올리는 것이 불합리하다고 비판하면서 새로운 형태의 혼례식을 모색한다. 이때 등장한 것이 바로 계명구락부식이다. 오늘날 결혼식장에서 거행되는 예식절차는 이 계명구락부식을 근간으로 한 것이다.

전통 혼례에서의 혼인잔치는 일본에서 유입된 피로연으로 대체된다. 그런데 일반인들은 피로연을 혼인잔치의 별칭으로 이해하고, 초대를 받지 않았음에도 불구하고 하객으로 참석하는 일이 비일비재하였다. 피로연에서 음식을 과도하게 차리는 것을 허례허식으로 규정하고 이의 개선과 폐지를 주장하는 움직임이 있었으나, 피로연의 행태는 시간이 경과해도 변하지 않았다.

오늘날 신혼여행은 혼례식의 마지막 절차로 인식되고 있다. 이러한 신혼여행은 일본을 경유해서 받아들인 것으로, 전통 혼례에는 없는 절차이다. 당시 신혼여행은 고된 시집살이에서 여성이 정신적으로 위안을 삼을 수 있는 대상으로 인식되어 그 필요성이 제기된다. 하지만 실제 신혼여행을 떠나는 사람은 그렇게 많지 않았다. 우리나라에서 신혼여행을 가는 것이 보편화 된 것은 결혼식장에서 혼례식을 치르게 되는 1970년대 이후부터이다. 오늘날 우리사회에서 거행되고 있는 혼례문화는 근대화 이후 서양과 일본에서 들어온 혼인문화에 많은 영향을 받아서 형성된 것임을 알 수 있다.

경성의 밤하늘 사쿠라로 물들다

김민지

'창경궁'하면 아직도 많은 사람이 1900년대 창경원이던 시절의 벚꽃놀이를 떠올릴 것이다. 그 시절의 창경원이란 지금의 과천 서울대공원에 해당하는 곳이지만, 이렇다 할 행락문화라고는 없던 시절 궁궐이라는 이색적인 공간에 동물원과 식물원이 있고 수많은 사람으로 붐비던 그곳은 어른, 어린이, 여성, 남성 할 것 없이 마음을 설레게 하는 특별한 공간이었을 것이다. 게다가 눈이 부시도록 흐드러지게 만개한 벚꽃은 보는 이로 하여금 감탄을 자아내게 하는 힘이 있다.

예전에 필자는 일본에서 오래 거주했었기 때문에 많은 벚꽃놀이를 경험했다. 일본의 벚꽃놀이 문화는 그들만의 의미와 형식을 가지고 발전되어 온 것으로 지금은 명실상부 전 국민의 축제로 자리 잡고 있다. 1996년 4월 동경 벚꽃 명소인 우에노공원의 만개했던 벚꽃은 지금도 뇌리에 선명하게 자리 잡고 있다.

일본인들은 벚꽃놀이의 계절이 오면 이른바 '바쇼토리'라고

동경 우에노공원의 '하나미' 전경

하는데, 이른 아침부터 벚꽃놀이하기에 최적의 장소를 잡기 위하여 혈안이 된다. 회사에서는 가장 신참인 자가 자리를 잡고 하루 종일 저녁이 되기를 기다린다. 그렇게 어둠이 깔리면 각자 준비한 음식과 술을 들고 벚나무 아래에 자리를 잡고 앉아 벚꽃놀이를 즐긴다. 벚꽃은 일본인의 계절감을 형성하는 중요한 풍물 중 하나로, 그들의 정신세계를 상징하는 중요한 요소이다.

우리나라도 봄이 오면 꽃놀이 계획으로 누구나 설레기 시작한다. 올해는 진해로 갈 것인가, 여의도 윤중로를 거닐 것인가, 산에 올라 산에 피는 벚꽃을 즐길 것인가, 바닷가에 피어나는 벚꽃을 즐길 것인가……. 즐거운 고민이 아닐 수 없다. 아마도 아이와 연인의 손을 잡고 도래한 봄을 느끼러 어딘가로 갈 것이다. 아이와 함께 벚꽃을 즐기며 어떤 이야기를 해 줄 것인가 잠시 고민을 해보았다. 우리의 벚꽃놀이는 어디서 어떻게 시작되었는지 설명을 할 수 있을까?

1900년대, 벚꽃놀이의 시작

봄이 오면 많은 사람이 벚꽃놀이로 들뜬다. 벚꽃의 명소인 진해 군항제를 비롯한 전국의 많은 지역에서 벚꽃놀이와 함께 지역 축제가 열리는 등 벚꽃에 관한 관심은 일본만큼은 아닐지 몰라도 이제는 우리나라에서도 당연한 것으로 여겨지고 있다.

그러나 과거 우리 민족이 벚꽃놀이를 했다는 기록은 찾아볼 수가 없다. 그렇다면 우리나라에서는 언제부터 벚꽃놀이를 시작한 것일까. 우리나라에도 예전부터 제주도 등에 자생하는 왕벚나무가 있었지만, 일본의 소메이요시노가 관상용으로 심어지게 된 것은 일본사람들에 의해서이다. 경성에 벚나무가 처음으로 유입된 공간은 1907년 왜성대공원(지금의 남산공원)으로 임진왜란 때 일본군이 왜장대倭將臺 혹은 왜성대倭城臺라는 성채를 쌓고 주둔했던 것을 기념하기 위해 공원을 만들고 소메이요시노 600그루를 심었다고 한다.

당시 『동아일보』에 보도된 기사를 보면 남산에 심어진 벚꽃을 보며 일반 시민들이 야간 벚꽃놀이를 즐긴 것을 알 수 있다.

> 남산의 총독부 뒤로 총독관저로 돌아 나아가는 길가에는 요새 벚꽃이 만발하였음으로 특히 총독부에서는 꽃나무 사이사이마다 전등을 켜고 그저께 이십 일부터 일

> 주일 동안을 매일 밤마다 일반시민에게 관람을 허가하였는데 시간은 밤 여덟 시부터 열두 시까지요 매우 풍치가 좋다더라.
>
> – 『동아일보』, 1921년 4월 24일

한일병합 후 초대총감 이토 히로부미伊藤博文가 조선 왕실의 권위를 깎아내리기 위해 창경궁을 창경원으로 개명하고 동물원과 식물원을 만드는데, 1909년 11월 1일 오전 10시 당시의 왕인 순종이 모닝코트 차림으로 개원식에 참석한다. 이 개원식에 참석했던 일본 사람들이 이왕이면 일본식 정원으로 꾸밀 것을 권하여 1910년 200그루가 식수 되었다. 그 후에도 창경원의 벚나무는 점점 그 수를 늘려 2천 그루를 넘어서는 벚나무가 심어진다.

창경궁 이외에도 경운궁과 조선총독부 박물관 앞뜰에 화단을 조성한 후 주변 도로에는 벚나무를 심으면서 경복궁 주변으로도 많은 수의 벚나무가 심어졌는데, 이 나무가 이십여 년이 지나 성목으로 자라나며 일반인에게 공개되기 시작한다. 일본인들은 궁궐 주변 이외에도 경성 도심 곳곳에 벚나무를 심기 시작하고 경성 도심 이외에도 전국적으로 벚나무가 심어지기에 이른다. 당시 『동아일보』의 기사를 보면 일제는 경성의 녹화계획을 발표하

고 적극적으로 벚나무를 심을 것을 권장하고 있다.

> 홍진만장인 착종한 도시에 생활하는 경성부민의 장한한 안식지대로서 볼만한 것이 별로 없는 경성부에서는 부내 각공원의 정비를 꾀해 전공원안의 녹화풍취의 완비에 착수하기로 되었다한다. 그리하여 경성부 사회과에서는 식수 오개년 계획을 수립하고 소화 십 년도 예산에 일만 사천구백 팔십 원을 계상하여 효창원, 사직공원, 남산공원, 탑동공원, 삼청동공원 등에 각종의 나무 삼만 육천 본을 식수키로 되었다한다.
>
> -『동아일보』, 1935년 3월 9일

이처럼 일제강점기 일본의 벚나무는 일제의 적극적인 지원 아래 경성을 포함한 전국에 심어진다. 그리고 이렇게 벚꽃이 식재된 공간은 경성 시민은 물론 전 국민의 새로운 행락의 장소로 자리 잡는다.

또 한 군데 벚꽃놀이의 명소로 진해를 꼽을 수 있다. 우리에게 벚꽃축제로 더 잘 알려진 진해 군항제는 1952년 4월 13일 우리나라 최초로 충무공 이순신 장군의 동상을 북원로터리에 세우고 추모제를 거행한 것이 계기가 되어 시작된 축제이다. 진해의 벚나무는 일본의 강제합병 이후 진해에 군항을 건설하면서 도시의 경관을 꾸미는 용도로 일본인들이 심기 시작하였는데, 해방 이후 이렇게 무수히 심어진 벚나무가 일제의 잔재라 하여 무차별하게 베기 시작했다. 다만 진해에 심어진 벚나무는 일본의 소메이요시노가 아닌 제주도에서 자생하는 왕벚나무가 원산지임이 밝혀지면서 다시 화려한 벚꽃의 도시로 거듭나게 된다. 이를 시작으로 1963년부터 진해군항제로 축제를 시작하면서 온 국민의 봄 축제로 거듭나게 된다.

> (…) 벚꽃의 계절을 앞둔 진해시에서는 5일 예년 있었던 벚꽃놀이행사만의 『상춘제』를 좀 더 의의 있게 지내기 위하여 금년부터는 벚꽃놀이와 함께 각종 문화 행사 및 체육 행사 등을 종합한 군항제를 열기로 하고 각계대표들로 구성된 추진위원회를 구성하였다.
>
> 이 군항제에서는 ①「미스해군」의 선발대회도 금년부터 연차적으로 열며 ②각종예술전시회 ③시詩 백일장 ④문학강연회 ⑤각종체육대회 ⑥농악 ⑦궁술 ⑧가요「콩쿠르」 등 다채로운 행사가 펼쳐질 것이라 한다. 이 행사를 꾸미는 추진위원회의 위원은 다음과 같다.
>
> –『경향신문』, 1963년 3월 8일

벚꽃과 더불어 軍港祭

體育典·「미스海軍」등

鎭海서 多彩로운行事계획

◇벚꽃이만발한 지난해의鎭海「軍港祭」.

「벚꽃과 더불어 군항제」(『경향신문』, 1963년 3월 8일)

위의 기사를 보면 진해 군항제는 단순히 벚꽃을 보고 즐기는 꽃놀이에서 그치는 것이 아닌 명실상부한 축제의 형식으로 자리 잡아 가는 것을 알 수 있다. 꽃놀이 이외에도 각종 선발대회, 행사 등이 치러지는 현대 축제와 비슷한 형태로 변해가고 있었다.

우리의 꽃놀이, 일본의 하나미

그렇다면 우리 선조들의 꽃놀이는 어떠한 형태였을까? 사계절이 뚜렷한 우리나라 사람들에게 길고 혹독한 겨울이 끝나고 찾아오는 봄은 매우 중요한 의미가 있었다. 예전부터 3월이 되면 본격적인 농사일을 시작하기 전에 힘을 비축하고 겨우내 움츠렸던 몸을 펼치기 위하여 산과 들로 꽃놀이를 떠났다. 이는 꽃놀이·화花놀이·꽃달임·화류花柳놀이·화류유花柳遊 등 여러 가지 이름으로 불렸다.

우리나라 꽃놀이의 정확한 기원을 찾는 것은 매우 어려운 일이지만, 『삼국사기』, 『삼국유사』 등에 꽃놀이를 했다는 기록이 남아있다. 또 고려시대 이규보의 글에 봄철 꽃놀이에 관한 기록이 있다. 조선시대로 오면 꽃놀이는 계절과 관련이 깊은 연례행사로 자리 잡는다. 기나긴 겨울을 보내고 찾아온 봄에 꽃이 피고 물이 흐르는 경치 좋은 곳을 찾아 신분 고하, 성별을 막론하고 꽃놀이를 즐겼다.

『조선왕조실록』에는 임금님의 꽃놀이 기록이 남아있으며, 양반들은 근교의 경치가 뛰어난 명승지를 화류장花柳場이라 하여 술과 기생을 데리고 가서 놀았다. 혹은 시를 짓거나 그림을 그리며 하루를 즐겼다. 서당의 학도와 유생 등은 술과 고기를 준비하여 꽃피는 산이나 강변에 모여 청유를 즐기며 시를 짓는 개접開接(서당에서 시를 짓는 개시식을 말하는 것으로 즉 춘기 개학식을 말한다)을 하였다.

그렇다고 조선시대의 꽃놀이가 남성들의 전유물은 아니었다. 신분이 높은 여성은 문중의 행사로 꽃놀이를 즐겼고, 신분이 낮은 여성들은 봄의 연례행사로 꽃놀이를 즐겼다. 아직 유교의 영향이 뿌리 깊지 않았던 조선 초기에는 남녀가 함께 음주와 가무를 즐기는 일도 있었다. 그러나 조선 후기로 오면 여성들의 지위가 낮아지면서 평상시에는 집 밖으로의 외출이 어려웠던 양반집 여성들이 집 밖 그것도 산과 들로 나아가 진달래로 화전을 부치고, 화전가를 지으며 여성들끼리만 하루를 질펀하게 즐기고 신세를 한탄하며 노니는 공식적인 나들이 성향을 띠게 된다. 이 날만은 여성으로서 혹은 며느리로서의 모든 속박과 굴레에서 벗어나 자유롭게 바깥출입이 허용되고 음주와 가무가 허용되는 유일한 행사였다.

그러나 조선 후기와 일제강점기를 거치면서 연례행사처럼 지냈던 꽃놀이는 그 색이 점차 퇴색되어간다. 일제강점기 조선총독부의 기간지 『조선』에 기록되어 있는 꽃놀이에 대한 기록을 살펴보자.

> 형형색색 봄꽃이 피어나는 봄이 오면 노인은 노인, 장년은 장년, 청년은 청년, 부인은 부인, 아이들은 아이들 이런 식으로 각자 무리를 이뤄 산으로 들로 강으로 놀러

> 나가 청유를 즐긴다. 옛날 경성에서는 필운대弼雲臺의 살구꽃, 북둔北屯의 복숭아꽃, 흥인문 밖의 양류楊柳 등 꽃놀이를 하는 명승지가 여러 곳 있어 많은 사람이 집합하여 왕성하게 꽃놀이를 즐겼다. 그러나 지금은 점점 쇠퇴하고 있다. 이것도 매년 덮쳐오는 생활난의 어두운 그림자일 것이다.

위의 기록에서 알 수 있듯이 신라 시대부터 기록에 나타나기 시작하여 조선시대 후기 여성들에 의해 왕성하게 행해져 오던 꽃놀이는 일제강점기를 기점으로 쇠퇴하기 시작하였다.

이와 같은 기록을 보면 우리 민족은 예로부터 꽃놀이를 즐긴 민족이었으나 지금처럼 벚꽃놀이를 즐긴 흔적은 찾아볼 수가 없다. 벚꽃놀이에 관해서는 이웃 나라 일본의 역사 속에서 그 흔적을 찾아보아야 한다. 일본의 '하나미花見'(삼삼오오 혹은 단체로 준비해온 음식과 술을 먹으며 벚꽃을 감상하는 것을 말한다)도 매우 긴 역사를 자랑하는데, 일본 고대사회의 하나미는 오늘날과 같이 단순히 보고 즐기는 의미만을 지녔던 것은 아니다. 일본인에게 '사쿠라'는 경외의 대상으로 신앙적인 의미를 지니고 있었으며 오랜 기간 감상 되었고, 문학의 소재로 활용되면서 일본인의 정신적인 상징이 되었다. 하나의 가설이지만 일본에서는

벚꽃이 일 년 농사의 길흉을 점치는 '신의 일에 사용되었던 꽃'이라고 지칭되었으며, 고대사회부터 현재까지 감상과 경외의 대상으로 존재하였다.

특히 도쿠가와 이에야스德川家康가 에도를 중심으로 하는 에도막부를 열고 무사가 정권을 잡는 시기로 들어선 그 시기 더욱 사랑받게 된다. 흐드러지게 만개한 후 순식간에 사라지는 사쿠라의 특성이 사무라이 문화와 결부되어 자기희생을 미덕으로 삼는 '무사도武士道'의 상징으로 인식되었기 때문이다. 이처럼 일본인에게 벚꽃은 우리가 생각하는 것 이상으로 아주 특별한 의미를 지니고 있다. 역사의 흐름과 함께 일본인의 벚꽃을 즐기는 문화도 약간의 변화는 있었지만 여전히 일본인에게 벚꽃은 중요시되는 존재이고 하나미는 일본인이 가장 즐기는 봄의 행사 중의 하나이다.

경성의 신 트렌드 '창경원 야앵'

우리 민족은 꽃놀이는 즐겼지만 따로 벚꽃놀이를 즐긴 기록이 없음은 앞에서도 알아보았다. 우리나라의 벚꽃놀이 문화는 근대부터 시작되어 하나의 새로운 트렌드로 자리 잡아 간다. 당시의 벚꽃놀이는 '관앵觀櫻'혹은 '야앵夜櫻'으로 불리며 선풍적인 지지를 받았고, 그중에서도 특히 창경원 벚꽃놀이는 경성 시민에게 폭발적인 지지를 받으며 인기를 끌었다.

성종 14년(1483)에 세조비 정희왕후, 예종비 안순왕후, 덕종비 소혜왕후 세 분의 대비를 모시기 위해 옛 수강궁 터에 창건한 궁이었던 창경궁은 1909년 동·식물원이 개장되면서부터 일반인에게 개방되어 지금의 유원지와 같은 형태로 변모한다. 당시 뚜렷한 행락문화를 가지고 있지 않던 경성 시민에게 세계의 희귀한 동·식물을 구경할 수 있었던 창경원은 신비하고 특별한 공간이었음이 틀림없다. 당시 이미 남산에서는 일반인들이 벚꽃놀이를 즐기며 그 즐거움에 푹 빠져 있었고, 일부 특권층이 남산에서 야간 벚꽃놀이를 즐긴 것이 알려지면서 창경원도 야간개방을 하라는 여론의 목소리가 커졌다. 때에 맞춰 『동아일보』에는 창경원에서 야간 벚꽃놀이가 시작됨을 알리는 기사가 실린다.

> "창경원을 밤에도 연다!" 밤은 인간의 모든 향락을 고조시키는 마술꾼이다 꽃빛! 불빛! 분냄새! 숲속에 반짝이는 작은 눈동자들! 그것이 모조리 함께 얼크러져서 봄의 노래를 아뢸 때에 등성이 하나를 사이에 두고 동팔호에서는 여전히 불쌍한 산송장들이 꾸물거릴 것이다.
>
> – 『동아일보』, 1924년 4월 20일

야앵이라는 것이 우리가 생각하는 단순한 꽃놀이를 넘어 향락과 쾌락을 조장하는 어두운 의미를 내포하고 있음을 앞의 기사로도 짐작할 수 있다. 창경원 벚꽃놀이는 야앵이 시작되면서 더욱 선풍적인 인기를 끌기 시작했다. 매년 신문에는 창경원 벚꽃놀이로 불야성을 이룬다는 기사와 함께 입장 인원을 기사화하고 있다. 「1925년 육만 사천」(『동아일보』, 1925년 5월 4일), 「창경원야간입원 십만 팔천여 인」(『동아일보』, 1928년 4월 25일), 「탐화객 이만」(『동아일보』, 1931년 4월 27일) 등의 기사가 매년 실렸다. 그중 『동아일보』 1934년 5월 1일의 총 입장객 수에 관한 기사를 보면 약 30만에 달하는 사람들이 창경원 벚꽃놀이를 즐긴 것을 알 수 있다.

> 지난 이십팔 일의 입원자는 낮과 밤을 통하여 사만 이백 오십이인, 이십구 일의 입원자는 하루 종일 비로 인하여 이천 육백 육십오 인이었다. 그리하여 지난 이십 일부터 이십구 일까지의 입원자 총수는 이십팔만 이천 삼백 육십오 인이었다 한다.
>
> – 『동아일보』, 1934년 5월 1일

이후에도 창경원에서 벚꽃놀이를 즐기는 관람객 수는 더욱

「창경원 불야성」
(『동아일보』, 1932년 4월 23일)

「숨가쁜 벚꽃놀이」
(『동아일보』, 1956년 4월 30일)

증가하여 많을 때는 30만 명을 넘어섰다고 한다. 이처럼 창경원 벚꽃놀이는 경성 시민에게 폭발적인 인기를 끌었는데, 아니 경성 시민은 물론이고 전국에서 창경원 벚꽃놀이를 즐기려는 관광객이 몰려들었다. 1930년대 "경성의 인구가 사십만 사천이백이에 달"(『동아일보』, 1936년 3월 15일)하였던 것으로 미루어 보면 거의 경성의 인구에 맞먹는 사람들이 벚꽃놀이를 위해 창경원을 방문하였던 셈이다. 이런 사정 탓에 당시의 신문 기사를 보면 경성으로의 여행단 모집에 관한 기사를 어렵지 않게 발견할 수 있다. 신문기사의 내용을 보면 경성 여행의 목적지는 '시내 저명건물', '방송국', '신문사', '창경원의 야앵', '극장', '방적공장', '덕수궁', '총독부' 등인 것을 알 수 있다. 이러한 여행단은 전국에서 모집되어 이루어졌으며 창경원은 그중에서도 빠트릴

수 없는 필수코스였다.

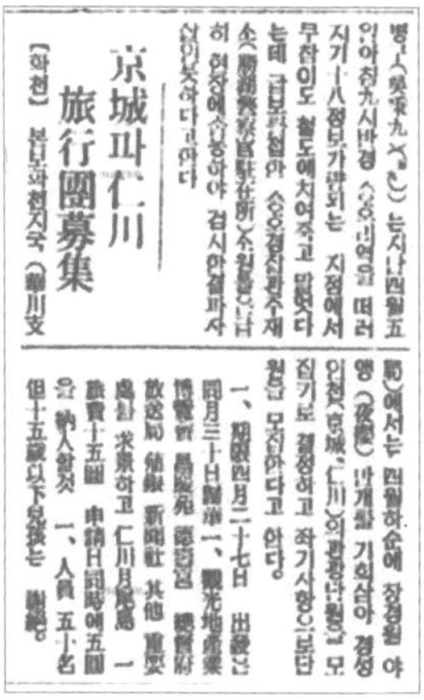

京城과 仁川
旅行團募集

◇時日 四月二十一日午前八時江華發
四月二十二日午後五時京城發
◇會費 一金四圓九十錢也（往復旅費一切）
四月二十日까지會費金添付申請하시요

京城見學團員募集（男子班）

◇見學地 市內著名建物、放送局、新聞社、昌慶園의夜櫻、劇場、紡績工場等

主催 東亞日報江華支局

1 2
1 「경성과 인천 여행단 모집」
(『동아일보』, 1934년 4월 21일)
2 「경성 견학단원 모집」
(『동아일보』, 1935년 4월 7일)

'쾌락과 환락'으로 물든 경성의 밤하늘

이렇듯 창경원은 벚꽃놀이 덕에 경성 시민들에게 가장 인기 있는 신명소로 자리 잡았고 1938년 당시에는 다음과 같은 노래가 유행할 정도였다.

> 여기도 사꾸라 저기도 사꾸라
> 창경원 사꾸라가 막 피어났네
> 늙은이 젊은이 우글우글 우글우글
> 얼씨구 좋다 응 - 꽃시절일세 헤헤이 -

처녀 댕기는 갑사나 댕기

총각 조끼는 인조견 조끼

밀어라 당겨라 잡아라 놓아라

두둥실 흥- 꽃이로구나

일천간장 다 녹이는 꽃이로구나

- 김정구, 〈앵화폭풍〉, 1938년

또한, 당시의 대중잡지 『별건곤』(1934년)에 창경원 벚꽃에 관한 다음과 같은 감상의 글이 실려 있다.

그러나 창경원의 벚꽃은 한 폭의 꿈같은 그림으로만 생각할 수 없는 커다란 움직임이 있다. 수만의 시인이 봄과 꽃에 취하여 찾는 것도 없이 이리 밀리고 저리 밀리며 길이 메여서 꽃그늘로 헤매고 또 헤매는 미칠듯한 사람의 홍수는 무서울 만큼 어지러운 세상의 반면을 암시하는 것 같기도 한 광경이다.

그러나 이 같은 각색각양의 사람의 소용돌이 속을 헤엄치는 창경원의 꽃구경은 또한 창경원이 아니면 맛볼 수 없는 불의 흥분을 주는 것이다. 이야말로 꽃구경이요 또 사람구경 이 춘흥이 반분 이상을 차지하게 되는 것이다.

– 홍종인, 『別乾坤』 72호, 1934년 4월 1일

수많은 사람이 찾는 것도 없이 이리 밀리고 저리 밀리며 구경하는 창경원의 벚꽃은 무서울 만큼 어지러운 세상을 의미하지만, 이 또한 그만둘 수 없는 쾌락임을 잘 나타내고 있다. 당시의 창경원 벚꽃놀이는 식민지 지배 하 어지러운 세상 속 모든 근심을 잊게 해주고 새로운 세상을 경험하게 하는 강한 쾌락적인 요소를 가지고 점점 광란과 환락의 세계로 빠져들게 된다.

이런 속성을 증명하듯이 점점 더 많은 사람이 창경원 벚꽃놀이를 즐기게 되면서 벚꽃놀이를 하는 기간에는 많은 사건, 사고가 발생하게 되는데 각 신문에는 다음과 같은 기사가 실린다.

꽃구경 가려거든 이러한 것을 주의 아이를 데리고 가는 것은 대금물 몸치장도 너무 하면 도리어 불길

– 『동아일보』, 1928년 4월 18일

꽃구경하다가 노인이 졸도 의료 설비 없어 더욱 곤란 지난밤 창경원의 대소동

– 『동아일보』, 1933년 4월 29일

야앵夜櫻 끝장에 불량배들이 폭행 봉변당한 남녀학생

– 『동아일보』, 1934년 4월 29일

야앵夜櫻의 창경원에 소매치기가 횡행

– 『동아일보』, 1939년 4월 20일

지금도 벚꽃 구경을 간다고 생각하면 일단 어마어마한 인파에 벚꽃보다 사람을 더 많이 구경하는 일이 흔한데, 당시에도 화려하게 치장한 수많은 사람들, 남녀노소 할 것 없이 밀려든 인파와 들뜬 사람들로 인하여 수많은 사고, 사건이 벌어진다. 1961년 4월 17일자 『동아일보』에는 야앵의 난장판을 개탄하는 기사를 실리는데 "해마다 그렇지만, 이 창경원의 「밤벚꽃」 놀이가 시작되면 정해놓고 사고투성이다. 미아·도난·주정뱅이 쌈패 등으로 난장판이 되"고, 게다가 "무지한 취한인 경우, 경내에 똥·오줌을 함부로 내깔기는 것은 예사"였다. 창경궁은 예전 대비들이 거주하던 궁궐이었음에도 이러한 것들은 이미 망각된 채 이와 같은 추태가 벌어지곤 했던 것이다. 이뿐만이 아니다. 백주 대낮 젊은 남녀들의 낯 뜨거운 광경이 펼쳐진다. "「아베크」장소로 도색경화桃色境化한 곳이 이 창경원 「밤벚꽃」 놀이터다. 이르는 곳마다 으슥한 숲 속을 찾아 온갖 추태를 부리는 데는, 보는 사람이 머리를 외로 꼴 지경이다…….” 등과 같은 기사가 실리곤 했다. 경찰들도 단속은커녕 이 기간에는 이런 행태를 용인하는 분위기였고, 더욱이 꽃구경에 취한 부모들이 아이들을 잃어버렸다는 기사도 함께 실리고 있으니 얼마나 혼잡하고 정신이 없었는지를 알 수 있다.

> 그저께 이십이 일은 일요일이라 일기도 따뜻하고 또는 경성의 "벚꽃"도 장차 피려는 때임으로 교외로 산보를 다니는 사람이 연락부절하였는데 창경원에 입장한 사람만 하여도 사만 명 이상에 달하였다 하며 이로 인하여 부녀들이 아이들을 데리고 창경원에 들어가서 정신없이 피려는 "벚꽃"과 지저귀는 생 노래를 들으며 구경에 빠졌다가 그만 아이를 잃어버린 사람이 아홉 사람이나 된다 하며 이에 대해 동대문경찰서에서는 그 아이들을 찾아 주기에 매우 고심하는 중이라더라.
>
> – 『동아일보』, 1923년 4월 24일

> 이날 98명의 어린이가 부모를 잃고 울고 있다가 경찰의 보호를 받았는데 저녁 늦게까지는 전부 보호자에게 인계되었다. 혼잡을 이룬 창경원 내에서는 놀이에 정신을

팔다가 엎어져 상처를 입고 긴급치료까지 받은 사람도 18명이나 생겼다.

–『경향신문』, 1962년 4월 30일

1923년 기사에는 미아가 9명이었다고 기록되어 있지만 1962년 기사에는 98명의 아이들이 미아가 되었다가 부모를 찾았다는 기사가 실려 있다. 우리나라에서 본격적으로 꽃놀이가 처음 시작되고 40여 년의 세월이 흐르는 동안 미아의 수는 10배에 달했다는 것인데 그것은 곧 창경원의 벚꽃놀이가 어느 정도 성황을 이루었는지를 짐작하게 하는 수치이다.

또 하나 창경원의 인기를 짐작할 수 있는 기사로 창경원 입장권 위조를 들 수 있다. 1966년 4월 25일의 기사를 보면 "이들은 약 1년 전부터 시내 각 일류 극장과 서울운동장에서 암표상을 해오다가 지난 20일 李(이)의 집에서 「옵세트」 인쇄기를 구입, 창경원 입장권 수백 장을 찍어 24일 낮 1시 1장당 25원/30원씩 받고 48장(1천6백 원)을 팔다가 적발"되었다는 등의 창경원 위조입장권에 대한 기사를 심심치 않게 찾아볼 수 있다.

이처럼 일제강점기 일본에 의해 의도적이고 계획적으로 심어진 일본의 정신적인 상징물 벚꽃은 우리 민족의 얼이 깃든 창경궁이라는 특별한 공간을 빌어 근대의 아픈 역사로 아직도 기

억되고 있다. 일제는 그들이 즐기기 위해 벚꽃을 심었고 또 의도적으로 우리 민족에게도 새로운 형태의 행락 방향을 제시하며 도시풍의 오락에 빠져들게 하였다.

다시금 생각해보는 우리의 꽃놀이

창경원 벚꽃놀이는 1983년까지 계속되었으나 '역사의 자취를 옛 모습 그대로 보존하고, 일제가 남기고 간 치욕의 때를 벗기자는 취지' 하에 1984년 창경궁 복원사업이 시작되어 벚나무를 인근 어린이대공원과 여의도 부근으로 옮겨 심고서야 비로소 막을 내리게 된다.

막 내린 '昌慶苑 벚꽃놀이'

내년末까지 복원공사로 문닫아…벚나무 바꿀계획

굳게 문을닫은 창경원

예년같으면 상춘(賞春) 인파로 크게 붐빌 창경원앞광장엔 정비공사를 알리는 안내판만 나붙어있을뿐 오가는행인도 뜸하다. 【사진=金□山기자】

B형肝炎 예방접종 보건소서 싼값

「막 내린 "창경원 벚꽃놀이"」(『경향신문』, 1984년 3월 17일)

1999년 4월 24일의 기사를 보면 복원된 창경궁에 관한 감상이 다음과 같이 실려 있다.

> 조선왕조 뿌리 뽑듯 일제가 노송 뽑고 심었던 벚나무. 내쫓긴 임금, 원숭이들 들어와 동물원 돼버린 곳, '창경원'으로 창씨개명까지 당한 곳. 십여 년 전 봄만 해도 '밤 벚꽃놀이'에서 울 시민 가슴 설레던 곳.
> 84년 창경궁 이름 되찾으며 벚나무 자리에 심은 조선 소나무. 사람 구경나온 청설모, 소나무 사이 뛰노는 봄바람. 도심 한가운데 찾은 그 여유. 어이 벚꽃놀이에 비기랴.
> –『경향일보』, 1999년 4월 24일

이렇듯 '창경궁'이라는 특별한 공간은 1909년부터 해방 이후까지 약 70여 년이라는 시간 동안 철저히 유린당하고 짓밟혔다. 그러나 그렇게 옮겨 심어진 벚꽃은 지금도 봄철 연중행사와도 같은 벚꽃놀이로 지금도 계속되고 있다.

일본의 하나미와 마찬가지로 우리나라의 꽃놀이도 긴 역사를 지니고 있음이 분명하지만 남아 있는 기록이 많지 않아 조선시대 이전은 정확한 형태를 찾기는 어렵다. 그러나 길고 잔혹한 겨울이 끝나는 3월, 산과 들로 찾아가 진달래꽃을 뜯어 화전을

부쳐 먹고 시를 짓고 노래를 부르며 겨울 동안 움츠렸던 몸과 현실에 지친 영혼을 달래고 자연에서 힘을 얻었던 아름다운 풍속은 분명히 존재하였다고 본다.

하지만 일제강점기의 어두운 시절을 지나오며 우리나라의 아름다웠던 미풍양속은 대부분 변질되거나 사라지고 말았다. 일제강점기 대성황을 이루었던 벚꽃놀이 역시 그 장소가 우리의 '궁'이었다는 점을 가만히 생각해보면, 현재도 계속되고 있는 벚꽃놀이는 우리나라 어두운 역사의 하나의 단편인지도 모르겠다.

벚꽃놀이는 지금도 계속되고 있고 앞으로도 계속될 것으로 보인다. 아마 겨울이 지나 봄이 오면 사람들은 또 예쁜 벚꽃 명소를 찾아 떠나지 싶다. 눈부시도록 아름다운 봄날, 바람결에 사르륵 휘날리는 벚꽃을 바라보며 누구도 그 아름다움에 취하지 않을 사람은 없을 것이다. 특히나 이렇다 할 오락거리라고는 마땅한 게 없던 1900년대 중반, 흐드러지게 만발한 벚꽃을 거부할 수 있는 이가 누가 있었을까? 짧게 피었다가 사라져 그 아쉬움이 더욱 애잔한 벚꽃은 아마도 힘들고 어두웠던 그 시절 우리 민족을 잠시나마 위로했을 것이다. 벚꽃놀이는 이미 수용하기를 논하는 단계를 지나 우리 곁에 공고히 자리 잡고 말았다. 이미 벚꽃이 가지는 상징은 아무런 의미가 없는 것이 되었는지도 모른다. 그러나 벚꽃은 일본의 꽃만은 아니다. 우리가 즐기고 감상해야 할 것은 일본의 하나미가 아닌 우리의 꽃놀이인 것이다. 예전 우리 민족은 꽃놀이를 통하여 겨울의 혹독함, 극복할 수 없는 한, 개인의 고통을 모두 발산하여 가슴의 응어리를 풀고 다시 현실을 살아갈 힘을 얻었다. 이미 벚꽃놀이가 우리 문화로 자리 잡아 가고 있는 지금 우리 민족이 예전에 그러했듯이 심신을 달래고 현실의 어려움을 슬기롭게 이겨냈던 꽃놀이로 자리 잡아야 하지 않을까? 다시금 피어나는 벚꽃을 바라보며 다시 한 번 우리의 문화 속 벚꽃이 가지는 의미에 관해 생각해 보는 시간이 되어도 좋을 것 같다.

어린이날이라 쓰고, 해방의 꿈이라고 읽다

이영주

민족의 새싹 어린이의 탄생

매년 5월 5일에 울려 퍼지는 어린이날 노래를 듣고 있으면 신 나게 뛰어노는 씩씩한 아이들의 모습이 떠오른다. 어린이날은 아이들이 1년 중 가장 기대하고 기다리는 날인 동시에 근대부터 이어져 온 큰 의미가 있는 날이다. 그러면 어린이날은 언제, 어떤 이유에서 생겨났으며, 그 처음의 모습은 어떠했을까? 어린이날이 처음 생겨났을 때의 상황을 살펴보면 당시 아이들에게도 이 날이 얼마나 절실했는지 알 수 있다. 어린이날이 생겨날 즈음인 1920년대 사람들이 생각했던 '어린이'의 의미부터 알아볼까 한다.

우리나라 아이들이 어른의 소유물로 취급당하여 하찮게 여겨졌던 때가 있었다. 1920년대 이전만 해도 어린이는 어른들에게 재롱을 부리는 대상 혹은 귀찮기만 한 대상이었다. 아이를 부를 때도 '어린 것' 혹은 '애새끼', 남자 아이는 '머슴애', 여자 아이는 '기지배', 첫째는 '큰 놈', 둘째는 '작은 놈' 등의 호칭을 사용하였다. 또한 요즘의 어린이들은 가정에서 부모님의 보호 받고 꿈을 키우며 자라지만, 당시 어린이의 일상은 집안 생계에 보탬이 되기 위해 육체노동을 하는 게 일과였다.

빨랫감을 머리에 이거나
아기를 업은 여자 아이들

나무 지게를 진 남자 아이들

당시 아이들의 생활 모습이 담긴 사진을 보면 여자 아이들은 아기를 업거나 빨랫감을 이고 있고 우물가나 빨래터에서 빨래를 하는 모습을 쉽게 찾을 수 있다. 남자 아이들도 크게 다르지 않다. 일제 식민지 농촌의 아이들은 어른들과 똑같이 매일 아침 5시에 일어나 들로 나가는 게 일상이었다. 저녁까지 모내기를 돕는 것이 하루 일과였기 때문이다. 남자 어른들이 벼 베기를 하고 있을 때 남자 아이는 떨어진 이삭을 줍거나 산에서 나무

를 해야 했으며, 여자 아이는 동생을 업고 우물가에서 세탁을 하는 등의 집안일을 했다. 이러한 육체노동은 부모님이 바쁜 농번기 때만 하는 것이 아니라, 당시 아이들에게 늘 해야만 하는 일이었다. 서당에 다니다가도 집안에 보탬이 되어야 한다는 생각으로 농가에 들어가 일을 하는 아이도 있었으며 부모를 잃은 아이가 이웃 사람들에게 고용되어 겨우 생활을 이어나가기도 하였다. 관심을 가지고 보살펴 주어야 할 존재가 아닌 '작은 어른'으로서 열심히 집안을 위해 일해야 하는 일꾼으로 여겨졌던 것이다. 그 당시 사람들은 집안의 일꾼으로 한 몫 하는 아이들을 당연하게 여겼다.

누구보다 어린이를 귀하게 여겼던 아동문학가 방정환도 수필 「나의 어릴 때 이야기」를 통해 자신의 어린 시절 배고프고, 힘들었던 기억을 떠올렸다. 학교에 도시락을 싸 가지고 가야 하는데 밥이 없어서 울며 떼를 쓰다가 어머니에게 맞은 일, 열 살 때 4~8km쯤 떨어져 있는 우물로 물을 길러 가서 여덟 살 사촌 동생과 함께 물통을 들고 힘들게 집으로 오던 일을 회상하였다. 특히 "날은 차고 바람은 뺨을 벨 듯이 부는데 배는 고프고 몸은 떨리고…. 우물 옆에서 두 발을 동동 구르고 울던 일이 해마다 겨울마다 몇백 번씩인지 모른다"며 쌀을 꾸러 다니거나 전당포에 다니는 일보다 물 길어 오기가 가장 고생스러웠다고 털어놓았다.

자신의 어린 시절과 다름없는 1920년대 초 아이들의 일상을 보면서 방정환은 그들을 존중하고 주체적인 존재로 인식해야 함을 알리기 위해 어린이 운동을 펼치게 된다. 방정환은 안데르센 동화 「성냥팔이 소녀」를 보며 작품 속 성냥 파는 소녀가 조선의 아이들과 닮았다고 생각했다. 그래서 국내 최초 어린이를 위한 잡지 『어린이』에 「성냥팔이 소녀」를 비롯한 많은 작품을 번역하여 싣고 구연동화 및 강연을 하며 새롭게 인식해야 될 '어린이'를 알리기에 힘쓴다.

방정환은 당시 천도교가 주관하였던 잡지 『개벽』의 출판 활동과 함께 어린이 운동을 벌였다. 그는 '젊은 사람-젊은이', '늙은 사람-늙은이'처럼 아이들은 '어린 사람'이기에 '어린이'라고 불러야 한다면서 '어린이'라는 용어를 처음 사용하였다. 늘 존재하고 있었으나 인정받지 못하던 근대 어린이의 존재를 처음으로 알린 것이다. 하지만 여기서 염두에 두어야 할 점은 당시 '어린이'라 지칭했던 대상이 1920년대 중반까지도 정확한 연령 구분이 없었다는 사실이다. 15세까지의 나이를 어린이로 구분하거나 6세부터 20세 남녀를 통틀어 어린이로 보기도 하는 등 그 기준이 매우 모호했다. 따라서 존재로서의 '어린이'가 부각되면서 그를 가리키는 대상 구분도 점차 이루어졌다고 말할 수 있는 것이다.

소설가 이광수는 1918년 9월 여성잡지 『여자계』에서 “참 우리 어린 친구들은 불쌍하고 우리 어른들은 몹쓸고 포학합니다. (…) 우리는 아이들을 대할 때 더욱 경건하고 조심하는 태도로 하여야 할 것입니다. 아이들의 인격을 인정하고 존경하여 그들 대하기를 어른같이 해야 합니다”라며 인격체로서 인정받지 못하고 있는 어린이를 존중해야 함을 강조하였다.

어린이를 위해 설립된 단체 ‘색동회’에서 방정환과 함께 활동했던 조재호는 「어린이데이 선물」(『어린이』, 1925년 5월)에서 “어린이라고 하는 말은 그 뜻이 이 세계의 장래 주인공이라는 말이다”라며 ‘어린이’를 정의했는데, 이 말은 미래가 어린이에게 달려있으니 마땅히 그들을 존중해야 한다는 것이었다.

또한 어린이 운동에 힘썼던 유광열도 「어린이날이 생기기 이전과 지금과 또 장래」(『어린이』, 1929년 5월)에서 ‘조선의 희망’으로 인식된 어린이에 대해 “어린이날이 생기기 전에는 어린이의 인격을 인증하지 않았다. 네까짓 것이 무엇을 아느냐고 핀잔만 주고 심하면 때려도 주었다. 그러나 어린이날이 생긴 이후로 지금까지는 어린이도 사람이다, 그 인격을 존중하여라, 어린이는 인생의 쌀이니 핀잔만 주고 때려서 기르지 말자”고 한마디 하였다. 어린이날이 단순한 상징적인 의미를 넘어 어린이를 바라보는 변화된 시각으로 이어져야함을 분명히 한 발언이다.

식민지를 살았던 암울한 현실 속에서 새로운 '어린이'의 탄생은 '어린이날'의 제정으로 이어져 새 시대, 새 희망을 꿈꿔 보게 하는 계기를 만들어 주었다. 민족의 새싹으로 떠오른 어린이들을 통해 민족의 미래와 희망을 바라본 것이다.

식민지 조선의 중심에서 어린이를 외치다

1920년~1930년대 신문에서 어린이날과 근접한 날짜의 기사를 살펴보면 '어린이들을 위하자', '어린이들을 잘 길러야 한다'는 내용이 유난히 많다. 매해 어린이날을 기점으로 어린이에 대한 생각과 태도의 변화를 요구했던 것이다. 특히 1923년 5월 1일에는 '어른들에게 드리는 글'이 실린 선전지가 전국에 배포되어 존중받아야 할 어린이를 알리기 시작한다.

今日은 注意

어린이의날이오

一、어린이를 내려다보지마시고 치어다보아주시오
一、어린이를 늘갓가이하사 자조이약이하여주시오
一、理髮이나沐浴、衣服갓흔것을 때맛처하도록하여주시오
一、어린이에게 敬語를쓰시되 늘보드럽게하야주시오
一、잠자는것과 運動하는것을 充分히하게하여주시오
一、散步와遠足가튼것을 각금각금 시켜주시오
一、어린이를 책망하실때에는 쉽게성만내지마시고 자세자세히 타일러주시오
一、어린이들이 서로모이어 질겁게놀만한 노리터나 讀書室가튼것을 지어주시오
一、大宇宙의腦神經의末梢는 늙은이에게도잇지아니하고 젊은이에게도잇지아니하고 오즉어린이그들에게만잇는것을 늘생각하여주시오

이것을잘직히시오

"注意"(주의)라는 글자로 인해
엄숙하게 느껴지는 '어른들에게 드리는 글'

어린이를 내려다보지 마시고 쳐다보아 주시오. 어린이를 늘 가까이하며 자주 이야기 하여 주시오. 이발이나 목욕, 의복 같은 것을 때 맞춰 하도록 하여 주시오. 어린이에게 경어를 쓰시되 늘 부드럽게 하여 주시오. 잠자는 것과 운동하는 것을 충분히 하게 하여 주시오. 산보와 원족*遠足 같은 것을 가끔가끔 시켜 주시오. 어린이를 책망하실 때에는 쉽게 성만 내지마시고 자세 자세히 타일러주시오. 어린이들이 서로 모이어 즐겁게 놀 놀이터나 기관 같은 것을 지어 주시오. 대우주의 뇌신경의 말초는 늙은이이게도 있지 아니하고 젊은이에게도 있지 아니하고 오직 어린이 그들에게만 있는 것을 늘 생각해 주시오.

*원족遠足: 소풍

'어른들에게 드리는 글'은 어른들을 향한 따끔한 충고와도 같은 외침이었다. 또한 이날 어린이를 위한 선언문인 '소년운동의 기초 조항'이 발표되었는데 "첫째, 어린이를 윤리적 압박에서 해방하여 그들을 완전한 인격으로 예우하고 둘째, 어린이를 경제적 압박에서 해방하여 만 14세 이하의 그들에게 무상 또는 유상의 노동을 그만하게 하며 셋째, 어린이 그들이 고요히 배우고 즐겁게 놀기에 만족할 가정 또는 사회 시설을 행하게 하라"는 내용이 실려 있었다. '어른들에게 드리는 글'과 '소년운동의 기초 조항'은 근대 어린이들이 어떠한 대우를 받았는지 그들의 생활 모습을 보여주며, 어른들에게 어떻게 어린이를 대해야 하는지 알려주고 있다.

1924년 어린이날 『동아일보』에는 조선이 앞으로 잘 살기 위해서는 무엇보다도 자라나는 어린이들을 위하고 잘 길러야 한다는 점을 강조한 기사가 실렸다. 어린이를 잘 기르는 것만이 오직 살 길이라며 어린이들을 "새 조선의 싹"이라고 비유하였다. 어린이날 하루만이라도 그들에게 새 옷을 입히고, 어른들은 어린이를 위해 하루라도 일을 쉬어 함께 기쁘게 보내라는 내용이었다.

이와 비슷한 어른들의 각성과 변화를 촉구하는 기사는 또 찾아 볼 수 있다. "조선의 어린이도 귀하게 자라야 하며, 어린이에게는 희망이 있으니 사랑하며, 밥을 잘 먹이며 즐거움도 주어야 한다. 일만 시키는 것이 아니라 지혜롭게 자라도록 가르치고, 어린아이의 천성 그대로 자라도록 돌봐야 한다"며 어린이날을 맞아 가정에서 어른들이 어린이를 잘 보살피고 관심 갖기를 바랐다. 또한 "어린이를 어른과 같이 따뜻하게 대하여 공경과 예의를 지킬 것, 어느 곳에서나 어떤 일을 함에 있어서 무엇보다 우선해야 할 것은 어린이를 생각하는 일"임을 강조하였다. '인류의 장래'와 '조선의 장래를 위하여' 어린이를 대하는 태도를 거듭 밝히면서 어린이 중심의 가정과 사회의 모습으로 변화되기를 바라는 어린이날의 포부를 담아내기도 하였다.

인내천 사상을 교리로 삼았던 천도교에서도 '어린이가 곧 한울님'이며 "어린이를 때리는 것은 한울님을 때리는 것"이라고 하여 어린이를 존중해야 할 대상으로 여겼다. 어린이도 어른과 동일하게 하나의 인격체로 보아야 한다는 것이다. 방정환과 김기전 등은 천도교를 기반으로 소년회를 결성하여 어린이 운동을 펼쳐나갔다. 이로 인해 어린이의 인권을 보호하려는 움직임이 시작된 것이다.

방정환은 「어린이에게 주는 글」(『어린이』, 1926년 어린이날 기념호)을 통해 "5년 전의 5월 초하루! 몇백 년 몇천 년 눌려 엎드려만 있던 조선의 어린이는 이 날부터 고개를 들고 외치기 시작하였습니다. (…) 아아, 거룩한 기념의 날 5월 초하루! 기울어진 조선에 새싹이 돋기 시작한 날이 이 날이요, 성명도 없는 조선의 어린이들이 새로운 생명을 얻은 날이 이 날입니다. (…) 조선의 희망은 우리의 커 가는 데에 있을 뿐입니다"라며 어린이날의 벅찬 감격을 나누기도 하였다. 그가 사용한 '조선의 어린이들이 새로운 생명을 얻은 날'이라는 표현은 어린이를 위한 날이 얼마나 절실했는지 알 수 있다. 나라를 다시 일으켜 세울 존재로 어린이를 급부상시킨 날이 어린이날인 것이다.

새로운 명절 어린이날의 풍경

드디어 1923년 5월 1일에 '공식적'인 어린이날이 시작되었다. '공식적'이라고 표현한 것은 이미 1922년에 어린이날의 필요성을 절감한 사람들이 모임을 가졌다는 이유로 '제1회 어린이날'의 시기가 1922년부터인가, 1923년부터인가로 의견이 나눠지기 때문이다.

당시 어린이날은 새롭게 일어날 조선인들이 반드시 기념해야 할 새 명절의 하나로 인식하였다. 어린이들에게 처음으로 권리를 주고 사람처럼 대우하자는 의미로 제정한 날이었다. 어린이에게 새로운 희망과 생명을 주어 단 하루만이라도 그들이 기쁨과 즐거움을 느끼게 할 수 있도록 한마음 한뜻으로 정한 날이 어린이날인 것이다. 그래서 어린이날을 '어린이의 명절'이라고 한 것이다.

어린이날 행사 준비 과정에서부터 감시와 압력을 받으며 당시 일본에 의해 축소되거나 취소되기도 했었지만 현대 어린이날 못지않게 근대 어린이날에도 모두가 모여 즐겁게 보낼 수 있는 행사가 치러지기도 하였다. 특히 1924년과 1928년에 주목할 만한 어린이 명절 행사가 있었다.

1924년 5월 3일 어린이날 기념 축하회가 열린 광경

1924년 어린이날에는 어린이들의 새 명절 '어린이날'을 더욱 뜻있게 하기 위해 나흘에 걸쳐 대규모 행사를 벌였다. 5월 1일 어린이날 당일에는 경운동 천도교당 마당에 경성 각 소학교 남녀 학생 수천 명이 모여서 축하식을 하였다. 마당으로 들어가는 문 앞에서 십 전짜리나 십오 전짜리 풍선을 하나씩 사게 하여 그 풍선에 주소와 이름을 적어서 들고 있다가, 폭죽 소리가 나면 일제히 하늘로 띄워 올리게 하였다. 가장 멀리 날아간 풍선을 먼저 집어오는 사람과 그 풍선 주인에게 상을 주는 행사였다. 또한 밤 8시부터는 어린이들이 음악을 감상하고 연극을 구경하였다. 어린이날 연극은 당시 번안된 외국동화 중에서도 식민지 조선

어린이들의 현실을 직시할 수 있는 계몽적인 내용일 것이라 짐작된다. 그래서 어린이뿐만 아니라 어른들에게도 유익한 시간이었다.

또한 5월 2일과 3일 저녁에는 어머니 대회, 아버지 대회가 잇달아 열려서 연극 공연과 강연이 펼쳐졌다. 그 다음 날인 5월 4일은 공휴일이었는데, 아침부터 어린이들이 모여 천도교사적지인 상춘원常春園의 넓은 동산에서 씨름, 줄다리기 등을 하며 새 명절 어린이날을 즐겁게 누렸다.

1928년에 어린이날은 전 조선적으로 거행되었다. 해마다 5월 1일 메이데이(노동절)와 겹친다는 이유로 제재를 받던 어린이날을 본격적으로 5월 첫째 일요일로 정하게 된 때였기 때문에 더욱 의미 있고 힘차게 보내려 했을 것이다. 조선 각지에서 50만 어린이의 노래가 울리고 어린이날 깃발이 날렸다. 이 해에는 행사를 더욱 철저히 준비했기에 다른 해보다 성대한 축하식과 기행렬을 치러내게 된다.

아침 일찍부터 우렁찬 나팔 소리가 울리고 폭죽을 터뜨리며 날짜가 변경된 어린이날을 사람들에게 알렸다. 소년회원들이 아침 6시부터는 집집마다, 9시부터는 거리에서 어린이날 선전지를 나누어 주었다. 그리고 오후 1시에 수송동 수송공립보통학교에서 모여 옥외축하식을 열게 된다. 어린이날 결의문을 낭독하고 어린이날 만세를 외쳤다. 축하식의 시작과 끝은 그곳에 모인 사람들이 모두 함께 어린이날 노래를 합창하는 것이었다. 축하식 이후에는 기행렬을 거행하였다. 지금은 사라진 한국 최초의 본격적인 상설 영화관이었던 단성사에서 기행렬 장면 및 중요한 어린이날 활동을 영상으로 촬영하게 된다. 각 단체에서는 복등福燈을 달아 그날을 환하게 밝혔으며, 어린이날을 소개하는 영상을 세 군데 영화관에서 보여주는 등의 행사를 진행하였다. 어느 내과의원은 일반 어린이들의 건강을 위해 무료 치료를 하겠다며 어린이날로부터 사흘간 서울 종로구 견지동에 있던 경성소년연맹에서 치료권을 배부하기도 하였다.

이렇게 어린이날 풍경을 살펴보면 현재와 마찬가지로 모두가 즐기는 행복한 어린이날처럼 보인다. 하지만 가만히 살펴보면 근대 어린이날은 편안하게 즐기는 명절 분위기를 넘어서 항일 운동의 모습을 표방하기도 하였다.

소년들 거리로 나서다

일본은 매해 열리는 어린이날 행사를 쉽게 허락하지 않았다. 1919년 3월 1일 만세운동 이후로 조선인들이 많이 모이는 것을 두려워하였기 때문이다. 하지만 일본의 제재는 소년들로 하여금 거리로 나서게 하는 더 큰 원동력이 되었다.

1922년 5월 1일 『동아일보』에는 조선소년운동의 일환으로 천도교소년회의 새로운 활동이 시작됨을 알리는 글이 실린다. 기사는 조선의 장래를 위해서 어린이의 가치가 중요함을 부르짖는 내용이었다. 그래서 "조선 사람의 십년 후의 일"을 강조하며 '어린이의 날'을 제기하기에 이른다. 그러나 일본의 허가를 받는 일은 쉬운 일이 아니었다. 계획한 것을 시작조차 하지 못해 어려움을 겪었다. 하지만 끈질긴 요구 끝에 겨우 허가를 받아 오후 한 시에 이르러서야 비로소 어린이날 선전지를 배포할 수 있게 된다. 천도교 소년 회원들은 종로를 기점으로 탑골공원, 정동, 교동, 광화문 등의 거리에서 창가를 부르며 "어린이날", "소년보호" 등의 글씨가 써진 종이를 붙이고 인쇄물을 나누어 주면서 어린이날 취지를 선전하였다. 밤에는 경운동 천도교당에서 소년회 창립 1주년 기념식을 성대하게 거행하면서 '조선소년운동의 처음'인 어린이날을 선포하였다.

'소년일少年日' 혹은 '소년운동일'이라고도 불렸던 근대 어린이날은 1923년 5월 1일 오후 3시, 전국에서 행해졌다. 서울에서는 약 이천 명의 소년들이 모여 붉은색으로 '어린이날'이라고 써진 띠를 두르고 시내에서 행렬을 할 계획이었다. 일본 경찰이 붉은 글씨를 매우 불온하고 여기고 상습적으로 행렬을 금지하던 때였지만, 일본의 교묘한 압박과 감시를 피해 전국에서 어린이

새싹회가 소장하고 있던 1923년 5월 1일 첫 어린이날 사용한 종이 기.
원본에서는 붉은 글씨와 붉은 바탕의 띠가 돋보인다.
(사진에서 색이 들어간 부분이 바로 붉은색 부분)

날의 시작을 알렸다.

1927년 어린이날은 5월의 첫 번째 일요일에 실시되는데, 일요일이었기 때문에 학교 수업에 지장을 받지 않아서 전국적으로 더 많은 학생들이 참석하였다. 5천여 명이나 되는 소년소녀가 경성에 모여 표어기와 축기, 각 단체기를 든 선두 뒤를 따라 각기 작은 깃발을 손에 들고 만세를 외쳤다. 악대에 맞추어 큰소리로 어린이날 노래를 부르면서 시내 곳곳 거리를 한 바퀴 돌기도 하였다. 그들의 기행렬은 줄을 이었고, 만세소리는 경성 천지를 진동하며 퍼져서 침울한 하늘을 흔드는 것처럼 느껴졌다고 한다.

1927년 어린이날 '어린이' 글씨가 적힌 기를 들고
행진하는 소년들의 모습

힘차게 행진하는 어린이들의 모습이
연상되는 1929년 어린이날 포스터

1929년에는 소년들의 기세가 더욱 높았다. 제주도에서는 조선 소년들이 하나로 뭉치게 되는 일이 일어난다. 이 사건은 일명 '대정 소년단체 어린이날 사건'이라고 불리며 어린이를 중심으로 한 항일 활동의 불이 지피는 계기가 된다.

1929년 5월 5일 제주에서는 대정보통학교와 의숙義塾 소년단체가 어린이날을 맞이하여 기념행사를 함께 하였다. 대정읍내에서 모여 산방굴사까지 어린이 노래를 부르며 행군하기로 계획한 것이었다. 하지만 당시 일본은 어린이날과 관련된 모든 행사를 금지하고, 감시하고 있었던 터라 행군을 준비하고 있던 소년단체 연합을 막아서며 해산할 것을 요구했다. 또한 산방굴사를 집회 장소로 금지하고 있다는 것도 관할 경찰이 내세운 해산 명령의 이유였다. 하지만 신성만, 김찬종 등은 강력히 항의하며 행군

을 강행하려고 했다. 이에 경찰은 그들을 잡아갔고, 화가 난 소년 단원들은 어린이 노래를 부르며 거리 시위행진을 벌이게 된다. 경찰의 해산 명령에도 굴하지 않고 수백 명의 소년단체가 살기등등하고 험악해진 모슬포 경찰관 주재소 앞에 모여 시위를 하였는데, 이날 시위 중 주재소 유치장과 사무실로 연행된 사람이 40여 명에 달했다. 그래도 그들은 그칠 줄 몰랐다. 하지만 사태가 더욱 커지자 4~5명의 경관이 제주 본서에서 현장까지 왔고, 결국 연행 되었던 신성만, 김찬종을 비롯한 16명이 다음 날 본서로 압송되어 취조를 당하고 난 후에야 사건은 마무리된다.

이렇게 제주도의 대정 소년단체 어린이날 사건이 시초가 되어 항일 운동은 전국 각지로 퍼져갔다. 집안에서 하찮은 존재로 구박만 받던 그들에서 벗어나 어린이가 주체가 되어 스스로 자신들의 권익을 찾으려 했던 사건이었다고 말할 수 있다.

어린이날에 투영된 식민지 조선의 빛과 그림자

어린이를 내세운 조선인들의 행렬과 만세 소리는 당시 일본에게 무척 신경 쓰이는 일이었을 것이다. 그래서 조선의 어린이 운동을 교묘하게 방해하기 위해 일본은 어린이날 대신 '유유아애호乳幼兒愛護' 주간을 만들어 아동 구호사업을 선전하기 시작한다. 근대적인 육아법을 알리고 어린이의 건강진단 및 기생충 검사를 무료로 해주며 사람들을 현혹했다. 우량아선발대회 상품과 아기 광고 모델을 미끼로 말이다. 실제로 그 당시 어머니들은 자신의 아기가 우량아로 뽑히기를 바라며 전문가가 제시한 표준 체중과 크기에 맞게 양육하기도 하였다. 일본이 의도한 대로 규격에 맞는 아이로 제작하게 된 것이다. 일본이 선전한, 어린이를 많이 낳고 건강하게 키우는 일이라는 긍정적인 일면 그 뒤에는 황국신민으로서 미래의 군인을 키워내려고 하는 의도가 숨어 있었다. 당시의 우량아선발대회나 운동회를 개최한 것도 이런 이유에서 비롯된 것이라고 할 수 있다.

일본의 이런 교묘한 정책으로 인해 어린이들 뿐 아니라 남녀노소 할 것 없이 모여서 민족의 현실을 깨우치며 새 시대의 변화를 꿈꾸려고 했던 어린이 운동은 그 원래의 목적을 잃고 육체적인 면을 강조하는 분위기로 바뀐다. 일본은 조선인들의 계몽을 결코 바라지 않았기 때문이다.

게다가 소년운동의 주도권을 놓고 이권 다툼이 일어나면서 어린이날 행사를 두 단체에서 각각 준비, 진행하기도 하였다. 소년운동의 방향이 달랐던 두 단체의 이념 분쟁으로 어린이날이 두 개로 나눠지는 산고를 겪었던 것이다. 결국 1930년대에 접어들면 일본이 어린이 운동을 더욱 강력히 금지하기에 이른다. 일본의 이런 방해에도 불구하고 1931년 서울 소년단체대표들의 주

1933년 조선소년군의 어린이날 포스터.
어린이를 존중해야 함을 표어를 통해 알리고 있다.

최로 '전조선어린이날 중앙연합회 준비회'라는 조직이 결성되어 어린이날 행사를 성대하게 치르게 된다.

근대 어린이날은 행사 준비와 중단을 반복하면서도 유지하기 위해 노력했지만 결국 1937년을 마지막으로 1938년부터는 폐지되기에 이른다. 이런 사정 때문에 어린이날과 관련된 기사는 1938년부터 1945년 해방 때까지 『매일신보』나 『동아일보』

등의 당시 신문에서 자연스럽게 자취를 감추게 되었다. 그러다가 신문에서 다시 '어린이날'이 등장하게 되는 것은 해방 후인 1946년 5월 5일 어린이날이 부활하게 되면서부터였다.

현대 어린이날이 가정이 중심이 되어 어린이와 함께 하는 날이라면 근대 어린이날은 가정 보다는 집단적으로 움직이는 거국적인 날이었다고 할 수 있다. 당시 어린이날은 어린이에게는 명절과 같은 날인 동시에 일제강점기 우리 민족을 한데 뭉치게 했던 정치적이고 사회적인 개념의 집단 행사였다. 근대 어린이날은 조국의 희망으로 떠오른 당시 어린이들에게 노동으로부터의 해방은 물론, 민족적 기상을 갖게 하고, 어른들에게도 희망찬 미래를 품게 하려는 목적에서 제정되었다고 할 수 있다. 어린이날을 통해 식민지 아동으로서 잃어서는 안 될 민족정신을 굳게 하는 계기를 만들어 준 것이다.

어린이날은 떠들썩하고 잔뜩 부푼 기대를 안고 시작되었지만, 실제로 어린이들의 생활에 변화가 있었는지는 확신하기 어렵다. 그 이유는 가정에서도 어린이들의 행복과 권리를 가장 우선해야 한다는 내용의 기사만 있을 뿐 실제 가정에서 어린이들의 일상이 변화되었다는 기사는 어느 신문이나 잡지에서도 찾아볼 수 없기 때문이다. "희망을 살리자! 내일을 살리자!! 잘 살려면 어린이를 위하라!!"라는 근대 어린이날 표어처럼 행사와 집회

로만 그치지 않고 가정에서도 어린이에 대한 대우가 달라졌다면 어떠했을까 하는 아쉬움이 남는다. 그러나 어린이날이 나라 잃은 우리 민족에게 힘을 내게 하고, 하나 된 마음으로 뭉칠 수 있는 계기를 만들어 준 것은 분명하다.

新명절 '크리스마스'의 한국 정착기

염원희

크리스마스 명동의 풍경

한 해의 마지막 열흘. 일 년 중 가장 밤이 길다는 때인데도, 거리는 쇼윈도의 불빛과 네온사인으로 가득하다. 거대 도시 서울의 밤은 늦도록 반짝거린다. 오랫동안 서울의 중심지였던 명동明洞. 지금은 강남 등 신흥 상권에 밀려 역사의 뒤안길로 사라질 위기에 처했지만, 지금도 크리스마스를 전후한 때만큼은 명동의 풍경이 화려해진다. 크리스마스 이브의 밤 12시가 되면, 명동 거리의 점포가 일제히 불을 꺼 연인들의 '키스타임'을 만들어

1930년대 명동 거리

최근 크리스마스이브의 명동 거리

준다는 도시전설이 생겨났을 만큼, 명동은 크리스마스 하면 가장 먼저 떠오르는 곳이다. 이곳은 크리스마스가 한국 사회에 자리 잡았던 1920~1930년대부터 이른바 모던보이와 모던걸들이 즐겨 찾던 공간이었다. 조선시대까지는 주로 주거지역이었다가, 20세기 초부터 백화점과 은행, 우체국, 학교 등이 빼곡히 들어서기 시작하면서 변화의 바람이 불기 시작했다. 오락과 물건이 넘쳐나는 환락의 경성京城을 대표하는 장소가 명동이었다. 그리고 그러한 문화의 한가운데에 '크리스마스'가 있었다.

한국의 크리스마스, 언제부터 시작되었나?

연말年末의 작은 축제인 크리스마스는 언제부터 한국 사회에 자리 잡았던 것일까?

예부터 음력을 쇠던 조선인에게 한 해를 마무리하는 날은 어디까지나 '동지冬至'였다. 일 년 중에서 밤이 가장 긴 날이라는 동지는 '설'에 버금가는 '작은 설'이라는 의미로 '아세亞歲'로도 불렸다. 그런데 19세기 후반 한반도에 양력이 도입되면서 전통적으로 지내왔던 동지와 같은 세시풍속은 변화를 맞게 된다. 여기에 선교사들이 들어와 기독교를 포교하면서 크리스마스의 풍습이 한국인에게 알려진 것도 큰 몫을 하였다. 동지와 크리스마스는 둘 다 한 해를 마무리할 즈음에 있는 날이라 둘 중 하나는 사라질 수밖에 없었고, 결국 동지의 자리에 크리스마스가 들어서게 된다. 양력과 개신교의 영향으로 성탄聖誕·신정新正·구정舊正으로 이어지는 새로운 연말연시의 절기가 한국사회에 형성된 것이다. 재미있는 사실은 크리스마스도 동지의 풍습과 관련 있는 날이라는 점이다. 동지가 밤이 가장 긴 날이라면 이 날을 기준으로 그 다음 날부터는 낮이 더 길어지게 되니, 서양에서는 동지를 '태양의 부활'로 보았다. 그래서 이 무렵을 명절기간으로 삼았고, 그 즈음에 예수탄생일이라는 크리스마스가 정해졌다는 것이다.

그렇다면 크리스마스는 어떻게 한국에 들어왔을까? 이것은 개신교가 조선에 들어온 과정을 보면 알 수 있다. 19세기 후반 즈음 알렌Allen과 언더우드Underwood, 아펜젤러와 같이 우리에게도 꽤 익숙한 이름의 선교사들이 조선에 입국한다. 이들은 조선에 들어와 병원과 학교를 여는 방식으로 기독교 문화를 전파하였고, 그 과정에서 새로운 문물에 호기심이 많았던 고종과 명성왕후를 만난다. 특히 선교사 언더우드의 아내인 릴리아스 H. 언더우드는 남편과 함께 의사로 일하면서 왕비의 주치의가 되었다. 조선 왕실과 릴리아스의 특별한 인연은 그의 저서인 『상투의 나라』를 통해 잘 알려져 있다. 그녀는 이 책에서 명성왕후에 대해 높이 평가하면서 각별한 애정을 드러냈다. 명성왕후는 서양의 정치와 문화에 많은 관심을 갖고 있었기 때문에 릴리아스를 불러 이것저것 묻곤 했는데, 그런 호기심의 대상 중 하나가 크리스마스였다. 그녀는 크리스마스의 기원과 의미를 묻거나, 이날 어떤 걸 하는지에 대해 구체적으로 알고 싶어 했다. 이런 명성왕후의 호기심을 만족시키고 싶었던 릴리아스는 1884년 크리스마스가 끝난 직후에 궁 안에 트리를 만들기로 계획한다. 물론 왕과 왕비부부에게는 비밀이었다.

> 잔뜩 준비를 하였지만 궁에는 서양인의 집처럼 두꺼운 커튼이나 방을 어둡게 할 수단이 없었기 때문에 가엾은 작은 촛불은 찬란히 빛나는 햇볕 속에서 희미하게 깜빡거렸다. 밤까지 기다린다면 좀 더 나았겠지만 궁금증을 참지 못한 고종과 명성왕후가 어두워질 때까지 기다리지 못하고 트리를 보러오는 바람에 멋진 트리를 보여주는 것을 실패하고 말았다.
> – 릴리아스 H. 언더우드, 『상투의 나라』, 집문당, 1999년, 151쪽

왕과 왕비를 놀라게 하고 싶었겠지만 릴리아스의 계획은 수포로 돌아간 것으로 보인다. 촛불로 밝힌 환상적인 트리를 보여

주려고 했는데 시간과 환경이 여의치 않았다. 게다가 참을성 없는 왕실 가족의 호기심을 막을 길이 없었다. 릴리아스는 이렇게 크리스마스를 제대로 소개하지 못한 것을 안타까워했지만, 얼마 후부터는 신문과 잡지를 통해 일반 대중에게도 크리스마스가 소개되기 시작한다. 또 한국 곳곳에 교회가 세워지면서 일반 사람들도 직접 트리를 볼 기회가 생긴다.

연등燃燈으로 장식했던 '조선의 크리스마스'

왕실뿐만 아니라 일반인들 사이에서도 크리스마스를 기념하는 모습을 이른 시기부터 찾아 볼 수 있다. 선교사 아펜젤러가 지금의 서울시 중구에 세운 배제학당은 우리나라 최초의 중등학교였다. 이 곳 학생들은 크리스마스가 되면 돈을 모아 가난한 사람들에게 나눠주었다. 초기 크리스마스는 이렇게 가진 것을 나누면서 빈민을 구제하는 날이었다. 그리고 이날을 기념하기 위해 어떤 다른 나라의 크리스마스에서도 볼 수 없는 독특한 풍속을 행한다.

> 저녁 일곱 시에 학생들이 배재학당 회당 앞에 등불 수백 개를 켰는데 그중에 제일 큰 십자등 한 개를 만들어 금자金字로 광조동방(光照東邦; 빛이 동쪽 나라에 비치다)

네 글자를 써서 공중에 높이 들고 아이들에게 실과를 주어 기쁜 날을 표하니라.

–『대한크리스도인 회보』, 1897년 12월 9일

수백 개의 전구를 켜 도시의 밤을 밝히는 지금의 크리스마스처럼, 그때 그 시절의 크리스마스 날에는 수백 개의 등불을 학교 앞에 걸어 장식했다. 그리고 그중 가장 큰 십자등에 '광조동방光照東邦'이라는 글자를 써서 높이 걸었다. 이 일화는 선교잡지에 「한국의 풍물」이라는 제목으로 소개되기도 하였다. 크리스마스에 등불을 걸다니, 이것은 분명 선교사의 아이디어는 아니었을 것이다. 우리나라에는 삼국시대부터 정월이나 석가탄신일에 절에 가서 등을 다는 '연등의 풍속'이 있었다. 당시 조선 사람들은 예수가 태어났다는 '크리스마스'를 받아들이면서 자연스럽게 부처가 태어난 석가탄신일을 떠올렸을 것이다. 석가탄신일을 맞으면 불교도들이 등을 달아 석가의 탄신을 축하하고 알리듯, 크리스마스에도 등을 준비하여 예수의 생일을 축하하였다. 이것이야말로 우리의 전통 풍습이 서양의 종교와 만나 연출된 '조선의 크리스마스' 풍경이었다. 조선만의 크리스마스 풍경이 펼쳐졌던 1897년 배재학당 건물은 지금도 남아 배재학당 역사박물관으로 쓰이고 있다.

현재 역사박물관으로 쓰이고 있는 배재학당 동관 전경

크리스마스 선물의 변천사 - '물 건너온 물건'에서 주고받는 선물로

교회를 세운 선교사들은 12월이 되면 트리를 만들어 조선인들을 초대했다. 크리스마스는 기독교라는 낯선 종교를 조선인에게 소개할 수 있는 최적의 날이었다. 무엇보다 이날 교회에 가면 선물을 받을 수 있었으니 이 낯선 명절은 조선인에게조차 꽤 즐거운 날이지 않았을까 싶다. 처음 개신교가 들어왔던 시절에는 교회가 사람들에게 선물을 주는 '산타클로스' 역할을 했다. 교회에 온 신자들이라면 누구에게라도 선물을 나누어 주었던 시절이었다. 매년 선교사들의 본국인 미국에서는 '크리스마스 상자Christmas Box'라고 부르는 꾸러미를 한국으로 보냈다. 거기엔 아이들에게 주기 위한 학용품, 사탕, 과자, 견과 등이 들어있었다. 간단한 선물이었지만 당시로서는 아주 귀한 것들이었다. "아주 어린아이들은 석판과 종이 껍질이 입혀진 석필을 주었고, 또 선물 봉지를 나누어 주었는데 거기에는 땅콩, 일본 사탕, 일본 과자 두 개, 오렌지 하나가 들어있었다."라거나 "남녀 소학교 학도들을 위해서 크리스마스트리를 세우고, 나뭇가지마다 과자봉지를 걸어 예배를 본 후에 차례대로 나와 선물을 받아갔다."라는 이야기들은 1900년대 초반에 흔히 볼 수 있었던 교회의 풍경이었다. 그야말로 '물 건너온 물건'이 조선인 아이들에게 선물로 주어졌다. 이로써 조선 사람들의 머릿속에 크리스마스는 '교회가 사람들에게 무엇인가를 베푸는 날'로 인식되기 시작했다.

그런데 시간이 흐르면서 크리스마스 선물의 방식이나 의미도 달라진다. 교회를 방문한 사람들만이 한정적으로 받았던 것에서 일반인들도 크리스마스 선물을 주고받게 된다. 이때 쯤 크리스마스 선물이 종교적인 의미와 무관해졌음도 물론이었다. 1930년대 신문과 잡지 기사를 보면 크리스마스를 맞아 연인끼리 주고받을 수 있는 적당한 선물을 소개하는 기사를 종종 볼 수 있다. 1933년 12월 잡지 『신여성』에 수록된 「크리스마스 푸레센트-BOYS」, 「크리스마스 푸레센트-GIRLS」에서는 남자친구 혹은 여자친구에게 어떤 크리스마스 선물을 하면 좋은지 1~2원에서부터 10원대까지 금액별로 자세히 소개하고 있다. 여자가 남자에게 줄 1~2원대의 선물로 소개된 것은 담배나 일기장, 안전면도기 같은 소박한 것들이었다. 각 선물에는 간략한 설명을 덧붙이기도 했는데, 가령 '행커치프, 양말'에 대해서는 "그러케 조은 것이 아니라도 깃버합니다. 실용적인 만큼 또 의미가 업지안은 것입니다."라고 하여 선물하는 사람의 용기를 북돋우고 있다. 아무래도 저렴한 것들이다 보니, 마음만 진실하다면 값싼 것이라도 충분히 선물이 될 수 있다는 의미였으리라. 같은 맥락으로 '과자, 과일, 술 한 병'의 경우에도 "이런 것도 그이는 실타지 안코 반갑게 받다줄 것입니다."라는 부연설명을 하고 있다. 이에 비해 당시 돈으로 10원 정도의 금액이면 꽤 좋은 것을 선물할 수 있었다. 10원대의 선물 품목을 소개한다.

> BOYS에게
>
> 이만큼한 정도로 푸레젠트를 한다고 하면 상당합니다. 씨카렛-라이터만 하드래도 또는 케-스가튼 것도 본격적 조흔 것을 택할 수가 잇습니다. 오-버 스웨-터, 마푸

라, 넥타이, 화장품 셋트(두발용까지), 햇트(모자)—조흔 것이 만아집니다. 이 이상으로 더 구한다고 하시면 축음 긔고 양복이고 또는 마쌍도구 가튼 것도 상관업겠지요.

GIRLS에게
모자, 목도리, 반지, 가죽장갑, 여행용 화장가방—이러한 것이 잇습니다. 그런데 여긔 조심하실 것은 녀자 또 부인에 푸레센트할 때에는 속옷, 양말, 버선 이런 것들은 실례라고 합니다. 안전면도, 탈모크림, 미안액美眼液…… 가튼 것도 아조 실례라고들 하야옵니다. 이것은 주의하실 것이요 이상 정도를 넘겨서 더 고가한 것을 구하신다면 그야 한이 업겟지요.

인용문에서 소개하고 있는 하드케이스 라이터와 오버스웨터, 화장품이나 가죽장갑 같은 것들은 지금으로서도 꽤 괜찮은 선물 품목이어서, 남녀 간에 오가는 선물은 과거와 현재가 크게 다르지 않음을 알 수 있다. 그런데 위의 기사 말미에서는 남성, 여성에게 줄 수 있는 선물로 이것보다 더 값비싼 것이 가능하다고 말하고 있다. 'BOYS에게' 선물하는 품목으로 축음기나 양복 같은 것들은 지금의 관점으로도 꽤 값비싼 것들이다. 'GIRLS에게'는 "이상 정도를 넘겨서 더 고가한 것을 구하신다면 그야 한이 업겟지요."라고 하여, 구체적인 품목을 들고 있지 않지만 꽤 비싼 것도 가능하다는 뉘앙스를 풍긴다. 당시 여성들이 선호하는 고가의 선물 중 하나가 여우목도리였다. 다음의 그림을 보자. 잡지 『신동아』에 실린 이 삽화는 여우목도리를 두른 여성이 앞장서고 그 뒤로 어깨에 선물을 지고 있는 남성이 뒤따르고 있다. 선물은 여기에 그치지 않고 옆구리에 낀 것과 손에 든 것까지여서 남성은 몹시 힘겨워 보인다. "엄처시하嚴妻侍下! 충실한 그이! 연말연시年末年始가 가장 그에겐 곡경曲境이란 말도 당연!"이라는 것으로 보아 이러한 상황이 몹시 곤혹스러움을 말해준다. 태평

『신동아』 1933년 신년호 삽화

양 전쟁과 상관없이 소비문화가 활성화되었던 1930년대. 크리스마스부터 시작되는 연말연시의 '소비 시즌'은 남성들을 당황시키기에 충분했다.

돈 때문에 힘들어 - '그루시미마쓰'한 크리스마스

고종 때의 정치인이자 기독교인이었던 윤치호尹致昊는 1880년대부터 1940년대까지 기록한 『윤치호 일기』를 남겼다. 그의 일기에는 매년 크리스마스를 전후하여 휴가를 즐겼던 기록이 나오는데, 처음에는 기독교인의 휴가 정도로 간략히 서술되었던 것이 1930년대가 되면 사뭇 어조가 달라진다. 특히 1933년 12월 24일자 일기를 보면 당시의 크리스마스가 기독교 문화와는 상관없이 얼마나 '돈을 쓰는 날'이었는지 알 수 있다.

> 크리스마스가 서울 중산층에게 또 하나의 석가탄신일이 되었다. 여성들은 크리스마스의 진정한 의미 따위는 안중에도 없었다. 여성들이 관심을 갖는 건 크리스마스가 쇼핑을 위한 또 하나의 핑계거리이자 기회라는 사실이다. 김영섭씨 말로는 일본인들은 벌써 크리스마스를 그루시미마쓰라고 신소리하는 지경에 이르렀다고 한다.
>
> – 『윤치호 일기』, 1933년 12월 24일

크리스마스를 핑계로 분출된 여성들의 쇼핑욕망을 단적으로 알 수 있게 해 주는 기록이다. 여기서 '그루시미마쓰'는 일본어로 '고통스럽다'는 뜻이다. 크리스마스에서 신년으로 이어지는 기간에 음주, 쇼핑, 선물 주고받기가 늘어남에 따라 비용의 부담이 커지는 데서 나온 일종의 속어인 것이다(강준만, 2007년, 160쪽).

이러한 소비문화가 존재한다는 것은 그만큼 도시의 상권이 형성되었다는 것을 의미한다. 세상 모든 물건을 판다는 '백화점百貨店'. 일본인이 세운 소위 4대 백화점이 자리한 곳은 경성에서도 일본인 집단 거주 구역 일대였다. 미쓰코시 백화점은 지금의 명동 신세계백화점 본관 건물 그 자리에, 조지야백화점은 을지로입구에, 미나카이와 히라다 백화점은 각기 충무로 1가에 자리잡으면서 사방 200미터 안에서 저마다 경성 상권을 놓고 경쟁하고 있었다. 당시 유명한 대중잡지 『별건곤』은 "진고개(충무로)는 불야성을 이룬 별천지였다."라고 표현하기도 하였다. 사람들은 남녀노소 불문하고 이곳에 불나방처럼 몰려들었다.

교회에서 의례를 치르는 날이었던 크리스마스가 명절이나 축제로 바뀌어 지금처럼 떠들썩하게 즐기는 날이 된 것은 1930년대이다. 이 변화의 결정적 요인은 '경성'이라는 도시의 변화였다. 경성(한양)은 조선왕조가 시작되면서부터 존재하고 있었지

만, 급격한 변화를 보인 것은 개화기에서 일제강점기까지의 기간이었다. 조선시대까지만 해도 서울 상업의 중심지는 명실공히 '종로'였다. 하지만 조선에 들어온 일본인들은 주로 충무로와 명동, 인현동에 자리를 잡고 살았고 자연스럽게 서울의 주요 상권은 이 지역으로 바뀌게 된다. 일본인 거주 비율이 90%에 육박한 이곳은 가히 '일본인 거리'였다.

1920년대 도시 상권의 발전이 가속화되면서 경성 최대의 번화가인 '혼마치本町' 즉, 현재의 충무로를 중심으로 변화가 일어나기 시작한다. 대형 백화점이 생겼고, 도시 중산층을 대상으로 하는 카페 같은 유흥업종이 급속히 확산되었다. 백화점, 카페, 극장이라는 도시의 소비적 '물질창구'가 자리 잡기 시작한 것이다. 이것은 서양에서 들어왔다 하기 보다는 근대의 산물이 일본인의 입맛에 맞추어 변용되어 탄생한 그야말로 '일본화'된 문화상품들이었다(김백영, 2010년, 498쪽). 이러한 향락적인 소비문화를 배경으로 한국의 크리스마스는 종교적 의미와는 다소 거리가 먼 날로 탈바꿈하게 된다.

> 회비 1원 50전 요리 두 가지, 술 한 병 증정. 오십 명의 미녀가 서비스

이 문구는 1930년대 당시 한 카페의 크리스마스 파티 광고다. “오십 명의 미녀가 서비스”라는 낯 뜨거운 표현은 1930년대 모던의 열풍이 불면서 다소 퇴폐적으로 변화한 크리스마스의 풍경을 단적으로 보여준다. 카페라고 해서 요즘처럼 단순히 ‘디저트’를 즐기는 공간으로 인식하면 안 된다. 당시에 ‘카페’라고 부르던 공간은 여급이 술시중을 들면서 비싼 술을 마시는 곳이었다. 여급에게 팁도 주어야 했다. 그야말로 ‘퇴폐적 취미’를 발산하는 공간이었다.

빈부격차의 심화 - ‘실업의 경성’

하지만 이런 모습은 경성의 일부일 뿐, 청계천을 중심으로 한 북촌의 조선인들의 삶과는 거리가 멀었다. 북촌의 풍경은 전통 한옥과 나지막한 상점들이 전부였고, 저녁부터 어두컴컴했다. 식민 도시의 ‘원주민 상가’였던 종로는 상업의 중심에서 밀려나 있었다. 종로의 밤거리에는 온갖 ‘싸구려’ 물건을 파는 야시장이 열렸다. “극도의 생활난에 빠진 빈궁한 사람들이 혹시나 입에 풀칠이나 할까 하는 눈물겨운 생각”으로 야시장에서 물건을 팔았다. 경성은 식민지 지배층이 호사스러운 생활을 하는 곳이기도 했지만 반대로 빈곤층과 실업자가 넘쳐나는 곳이기도 했다. 1930년대 서울은 ‘실업의 경성’이라고 불러도 좋을 만큼 일

자리 없는 사람들이 많았다.

신문에서는 크리스마스의 화려함과 거리가 먼 당시 조선인들의 모습을 삽화 형식으로 다루기도 했다. 1936년 12월 25일자 『조선일보』에 실린 「월급쟁이들 헛바람 내는 토산土産 크리스마스이브」를 보자.

> "여보게, 한 잔하세. 요 사이에 며칠 안 되어서 곧 술값이 오른다네."
> "아 참, 그렇지. 증세니 대중과세니 해서 조선에서도 주세酒稅를 올린다지?"
> 아리랑 아리랑……. 이것이 바로 이 땅의 '크리스마스 이브'의 풍경이다.
> "여보게 틀렸네. 크리스마스 이브이니 무엇이니 해봤자, 우리하고는 상관없는 일일세."
> "그렇지! 우리하고는 아무 상관없지."
> "그렇지, 그저 돈 써 먹을 기회를 만들 뿐이지. 보너스에 월급이 겹치고 호주머니에 돈푼들이나 있으니 장사치들이 돈벌이나 좀 해볼까 하는 흉계지."
> "여보게, 자네 집에는 동짓날 팥죽이 아직 남았겠군. 그것이 그저 우리에게는 딱 좋아, 하하……."

이것은 속 차리는 단단한 그들의 차돌같은 소리다. 이리 하야 '토산土產 크리스마스 이브'의 광조곡은 노파가고 있다.

이 신문기사는 서민의 생활과 상관없는 당시 크리스마스의 풍경을 대화 형식으로 제시하여 공감을 불러일으키고자 했다. '동짓날 팥죽'이나 먹자는 마지막 말은 실속 차리자는 의미일 수도, 또는 자조自嘲일 수도 있겠다. 낯설면서도 즐거운 서양 명절이었던 크리스마스는 누군가에게는 화려한 향락의 날이었지만, 어떤 이에게는 가난을 절실하게 느끼게 하는 괴로운 날이 되어가고 있었다.

月給쟁이들헛바람내는
土產"크리스마스•이브"

「월급쟁이들 헛바람 내는 토산(土產) 크리스마스이브」 기사

하지만 기형적인 도시의 향락 문화도 1937년에 중일전쟁이 발발하면서 일본 정부에 의해 제지당하게 된다. 모든 물산이 전쟁을 위해 쓰여야 하는 시기였으므로 자연히 소비를 멈춰야 했다. 그럼에도 불구하고 크리스마스를 즐기려는 열기는 만만치

않았던 것으로 보인다. 『매일신보』의 1940년 12월 25일자 기사인 「유흥 기분 엄금」을 보자. "① 이날 밤 요리점, 카페, 빠 등에서는 일반의 흥미로울 만한 장식을 못하게 할 것, ② 크리스마스권 같은 것은 미리서 팔지 못하도록 할 것, ③ 칠면조 등의 고급요리를 만들지 못하게 할 것"이라는 '크리스마스 자숙통첩'을 보도한 것이다. 전쟁이나 일본 정부의 제재와 상관없이 유흥을 즐겼던 사람들이 있었고 이것이 사회문제가 될 정도였기에 이러한 기사는 꾸준히 나왔다. 그러나 전쟁은 점점 심각해졌고 결국 크리스마스의 열기도 1941년 태평양전쟁이 시작되면서는 더욱 위축될 수밖에 없었다.

'소란한 밤 문란한 밤' - 해방의 크리스마스

해방이 되고 얼마 되지 않아 한국전쟁이 일어났고, 이 기간 동안에는 크리스마스가 부각될 수 없었지만 놀랍게도 전쟁이 끝난 직후부터 크리스마스의 소비 향락적인 열기는 '도시'라는 공간을 중심으로 이어져갔다. 특히 1960년대에는 남녀 구분 없이 춤을 즐겼던 댄스홀이 대성황을 이루기도 하였다. 크리스마스이브는 '고요한 밤 거룩한 밤'이 아니라 댄스홀을 중심으로 한 '소란한 밤 문란한 밤'이었다.

크리스마스가 이렇게까지 향락의 밤으로 각광을 받은 데에는 이날이 공식적인 국가 공휴일로 지정되었기 때문이다. 서양의 종교 명절이 한국의 공휴일이 된 것은 해방 직후 들어선 이승만 정권의 정치적 기반과 종교적 배경 때문이었다. 하지만 그 이전부터 크리스마스가 한국에 들어와 문화적으로 향유되었던 시간이 없었다면, 공휴일로 지정되는 데 어려움이 있었을 것이다. 크리스마스가 큰 이질감 없이 한국 사회에 정착할 수 있었던 것은 이미 일제강점기에 대중적으로 널리 알려졌기에 가능했다고 할 수 있다. 1930년대부터 한국의 크리스마스는 이미 기독교와는 무관하게 대중의 축제로 자리 잡아 가고 있었다. 게다가 통금으로 인해 밤 시간 외출이 자유롭지 못했던 시대에 한 해의 마지막 날인 12월 31일과 함께 유일하게 통금이 해제되는 날이 크리스마스였다. 1982년에 통행금지가 해제되기 전까지 크리스마스의 밤은 특별할 수밖에 없었다.

매년 크리스마스를 맞는 한국 사람들은 큰 고민을 하지 않고 이전 해에 행했던 것들-크리스마스트리를 만들고, 케이크나 선물을 사거나 이브의 밤거리를 거닐며 야경을 즐긴다. 개인의 종교적 사정과 관계없이 12월 25일은 당연하게 기념할 날이 되었다. 크리스마스는 한국 사람들이 매년 주기적으로 반복하는 '명절'이 된 것이다.

외국에서 들어온 것이라 하여 꼭 그들의 입맛대로 향유할 필요는 없을 것이다. 우리는 우리 식의 크리스마스를 즐기면 된다. 1930년대와는 시대가 많이 다르지만 지금도 한국 사회에는 빈부격차나 실업의 문제가 존재하고, 크리스마스를 전후로 하는 연말의 향락적 분위기와 과소비는 단골 기사거리가 되기도 한다. 그래도 여전히 반짝거리는 명동의 밤은 아름답지 않은가.

| 참고한 자료 |

패션 2030, 근대 조선의 의생활

『동아일보』, 『매일신보』

『고종실록』, 『승정원일기』

김경선, 「典當局이 原因」, 『별건곤』, 1930년 11월호.

김혜경, 『식민지하 근대가족의 형성과 젠더』, 창비, 2006.

로아, 「새로운 傾向의 女人點景」, 『별건곤』 1930년 11월호.

류두찬, 「우리의 백의문제와 今後半島의 염색공업을 논함」, 『개벽』, 1921년 5월호.

박달성, 「新年改良의 第一着으로 朝鮮의 衣食住를 擧하노라」, 『개벽』, 1921년 1월호.

방춘해, 「服色에 가지가지」, 『별건곤』, 1930년 11월호.

신항식, 『색채와 문화 그리고 상상력』, 프로네시스, 2007.

이유경, 김진구, 「우리나라 양복수용 과정의 복식변천에 대한 연구: 문화전파이론을 중심으로」, 『服飾』, 26호, 한국복식학회, 1995.

최의순, 「구역질나는 남성」, 『별건곤』, 1930년 11월호.

작자미상, 「외국인의 눈으로 본 조선의복의 長處短處」, 『신여성』, 1924년 11월호.

작자미상, 「MODERN COLLEGE 開講」, 『별건곤』, 1930년 5월호.
舊모-던, 「모-던 福德房」, 『별건곤』, 1930년 7월호.
I.B.비숍, 『조선과 그 이웃나라들』, 신복룡 역주, 집문당, 2000.

근대, 아름다움의 독을 바르다

『조선일보』
『신동아』

김경일, 『여성의 근대, 근대의 여성』, 푸른역사, 2004.
김태수, 『꽃가치 피어 매혹케 하라』, 황소자리, 2005.
박경미, 「일제 강점기 화장품 광고에 나타난 여성상의 미의식 고찰」, 전남대학교 석사학위논문, 2003.
신현규, 『꽃을 잡고』, 경덕출판사, 2005.
______, 『기생, 조선을 사로잡다』, 어문학사, 2010.
이화형 외, 『한국근대여성의 일상문화2 미용』, 국학자료원, 2004.
홍인자, 「한국 화장문화의 연대기적 변천 특성에 관한 연구-개화기 이후를 중심으로」, 한성대학교 석사학위논문, 2002.
작자미상, 「거즛말 같은 참말」, 『신동아』, 1932년 12월호.
XYZ, 「流行의 今昔」, 『신동아』, 1932년 11월호.

성병에 감염된 식민지 조선

『동아일보』, 『매일신보』, 『조선일보』

『조광』

강준만, 『매매춘, 한국을 벗기다』, 인물과사상사, 2012.

강혜경, 「일제시기 성병의 사회문제화와 성병관리」, 『한국민족운동사연구』 59집, 한국민족운동사학회, 2009.

권창규, 『상품의 시대』, 민음사, 2014.

권희영, 「호기심 어린 타자-구한말-일제 시기의 매춘부 검진」, 『사회와 역사』 제65집, 한국사회사학회, 2004.

김미영, 「일제하 『조선일보』의 성병관련 담론 연구」, 『정신문화연구』 제29권 제2호, 한국중앙연구원, 2006.

김은정, 「일제강점기 위생담론과 화류병」, 『민족문학사연구』 제49집, 민족문학사회학 민족문학사연구소, 2012.

김태수, 『꽃가치 피어 매혹케 하라』, 황소자리, 2005.

박정애, 「국가의 관리 아래 신음하는 매춘여성」, 여성사 연구모임 길밖세상, 『20세기 여성사건사』, 여성신문사, 2001.

신규환, 「개항, 전쟁, 성병: 한말 일제초의 성병 유행과 통제」, 『의학사』 제17권 제2호, 대한의사학회, 2008.

야마시다 영애, 「식민지 지배와 공창 제도의 전개」, 『사회와 역사』 제51집, 한국

사회사학회, 1997.
정근양, 「성병과 결혼」, 『여성』, 1939년 10월호.

어린이, 놀이의 주체가 되다

고한승, 「빨래터에 가던 일」, 『어린이』, 1924년 8월호.
김원영, 「복날 밥지여먹기」, 『어린이』, 1924년 8월호.
단국대학교부설동양학연구소, 『개화기에서 일제강점기까지 한국문화자료총서 민속놀이 관련 자료집 잡지편』, 민속원, 2011.
류도순, 「봄맞이」, 『어린이』, 1930년 4월호.
서혜숙 엮음, 『세시풍속의 역사와 변화』, 민속원, 2010.
성병희, 「민속놀이의 특성과 연구사」, 『민속놀이와 민중의식』, 집문당, 1996.
요한·호이징가, 『호모·루덴스』, 중앙일보사, 1974.
이돈화, 「나무 숲 속에」, 『어린이』, 1924년 8월호.
정대현, 「감나무」, 『어린이』, 1924년 8월호.
조동식, 「노송나무 밑에서」, 『어린이』, 1924년 8월호.
조완묵, 『우리민족의 놀이문화』, 정신세계사, 2006(재판).
칼 구스타브 융 편, 이부영 외 역, 「無意識에의 接近」, 『人間과 無意識의 象徵』, 집문당, 1983.
편해문, 『어린이 민속과 놀이문화』, 민속원, 2005.
한양명, 『마을의 세시풍속과 놀이: 경북 울진의 사례Ⅲ』, 민속원, 2013.

한정동, 「범나비」, 『어린이』, 1930년 4월호.

호이징가 저, 최홍숙 역, 『중세의 가을』, 문학과지성사, 1988.

홍순석, 『이천사람들의 삶과 놀이』, 민속원, 2004.

작자미상, 「차례 그림」, 『어린이』, 1933년 2월호.

三山人, 「자미잇고유익한 가을노리몃가지」, 『어린이』, 1929년 10월호.

沈雨晟, 『우리나라 민속놀이』, 東文選, 1996.

茅野雅子, 「ぶらんこ(그네타기)」, 『童話』, 1920년 9월호.

川上四郎, 「裏の一本橋(뒷문 외나무다리)」, 『童話』, 1922년 5월호.

________, 「影ふみ(그림자밟기)」, 『童話』, 1922년 9월호.

野口雨情, 「霜柱(서릿발)」, 『金の星』, 1923년 2월호.

장난감, 아이를 웃기고 어른을 울리다

『동아일보』, 『매일신보』, 『조선일보』

서종원, 「근대시기 서구식 완구에 대한 단상」, 『의식주와 민속놀이를 통해 바라본 조선의 근대』, 채륜, 2012.

일확천금의 신기루, '미두'

『동아일보』, 『조선일보』

이형진, 「일제 강점기 미두, 증권 정책과 조선취인소」, 연세대학교 석사학위논문, 1992.
전봉관, 『럭키경성』, 살림, 2007.

족두리에서 면사포까지, 근대의 새로운 혼인풍경

『독립신문』, 『동아일보』, 『매일신보』, 『조선일보』, 『조선중앙일보』
『반도시론』, 『별건곤』, 『신가정』, 『여성』

구태훈, 『일본문화이야기』, 재팬리서치21, 2012.
김경일, 『근대의 가족, 근대의 결혼』, 푸른역사, 2012.
김지영, 『연애라는 표상』, 소명출판, 2007.
단국대학교 부설 동양학연구소, 『일상생활과 근대 결혼제도-잡지편』, 민속원, 2010.
__________, 『일상생활과 근대 결혼제도-신문편』, 민속원, 2010.
이영수, 「개화기에서 일제강점기까지 혼인유형과 혼례식의 변모양상」, 『아시아문화연구』 28집, 가천대학교 아시아문화연구소, 2012. 12.
_____·최인학, 「일제강점기 혼례문화의 지속과 변용-택일·궁합·피로연·신혼여행을 중심으로-」, 『아시아문화연구』 30집, 가천대학교 아시아문화연구소, 2013. 6.

이창일, 『정말 궁금한 우리 예절 53가지』, 예담, 2008.

경성의 밤하늘 사쿠라로 물들다

『경향신문』, 『동아일보』

한국고전종합DB

김해경, 「벚꽃을 통해 본 근대 행락문화의 해석」, 『한국전통조경학회지』, Vol.29 No4, 한국전통조경학회, 2011.

안병규, 「한국에는 벚꽃이 피고 일본에는 사쿠라가 핀다」, 『지역사회』, 한국지역사회연구소, 2006.

이상희, 『꽃으로 보는 한국문화 1』, 넥서스, 1998.

최인학·김민지 역, 『조선총독부 기관지『조선』소재 1920~1930년대 세시풍속』, 채륜, 2014.

홍종인, 「삶가튼눈물의幻像 옛宮闕昌慶苑의 벗쏫」, 『別乾坤』, 72호 (1934. 4. 1).

한경자, 「정원도시 에도의 형성과 성장과정」, 『일본문화연구』, 제27집, 동아시아일본학회, 2008.

折口信夫, 『折口信夫全集 第2券-桜の話』, 折口博士記念古代研究所, 1975.

西山松之助, 『桜と日本文化 第8券』, 吉川弘文館, 1985.

어린이날이라 쓰고, 해방의 꿈이라고 읽다

『대한매일신보』, 『동아일보』

강준만, 「한국 어린이날의 역사: '겨레의 새싹'에서 '가족의 제왕'으로」, 『인물과 사상』, 인물과 사상사, 2008.

김현숙, 『식민지 근대의 내면과 매체표상』, 「근대매체를 통해 본 '가정'과 '아동' 인식의 변화와 내면 형성」, 깊은샘, 2006.

방정환, 「어린이에게 주는 글」, 『어린이』, 1926년 5월호.

부산근대역사관, 「사진엽서로 떠나는 근대기행」, 민속원, 2009.

염희경 엮음, 「나의 어릴 때 이야기」, 방정환 동화집 『사월 그믐 날 밤』, 우리교육, 2003.

유광열, 「어린이날이 생기기 이전과 지금과 또 장래」, 『어린이』, 1929년 5월호.

이경민, 「전시되는 어린이 또는 아동의 탄생」, 『황해문화』, 2009.

이기훈, 「1920년대 '어린이'의 형성과 동화」, 『역사문제연구』 통권8호, 역사문제연구소, 2002.

이병담, 『한국 근대 아동의 탄생』, 제이엔씨, 2007.

이재철, 「어린이날의 역사적 의미」, 『아동문학평론』, 한국아동문학연구원, 2005.

장원정, 「사진으로 만나는 근대의 풍경17 어린이」, 『민족21』, 민족21, 2008.

조재호, 「어린이데이 선물」, 『어린이』, 1925년 5월호.

최규진, 『근대를 보는 창』20, 서해문집, 2007.
한영혜, 「두 개의 어린이날」, 『한국사회학』 제39집 5호, 2005.
홍성태, 「근대화와 어린이」, 『현대 한국 사회의 문화적 형성』, 현실문화연구, 2006.

新명절 '크리스마스'의 한국 정착기

『대한 크리스트교인 회보』, 『동아일보』, 『조선일보』
『신여성』

강준만, 「한국 크리스마스 역사: '통금 해제의 감격'에서 '한국형 다원주의'로」, 『인물과 사상』 통권 105호, 인물과 사상사, 2007.
김명자 外, 『세시풍속의 역사와 변화』, 민속원, 2010.
김백영, 『지배와 공간: 식민지도시 경성과 제국 일본』, 문학과 지성사, 2010.
릴리아스 H. 언더우드, 『상투의 나라』, 집문당, 1999.
방원일, 「한국 크리스마스 전사前史, 1884~1945 - 이원적 크리스마스 문화의 형성」, 『종교문화연구』 11, 한신인문학연구소, 2008.